Ronald Zürrer (Hrsg.)
Dem Schönen zuliebe

Ronald Zürrer (Hrsg.)

Dem Schönen zuliebe

Oder: Aller Dürftigkeit zum Trotz

100 Lyrische Texte von jungen Autorinnen und Autoren

Govinda-Verlag

Jubiläums-Anthologie zum 20-jährigen Bestehen des Govinda-Verlages.

Kontaktadressen:
Schweiz   Govinda-Verlag, Postfach, 8053 Zürich
Deutschland   Govinda-Verlag, Postfach, 79798 Jestetten
Internet   govinda.ch

Erstausgabe – November 2009

Auswahl der Texte: Ronald Zürrer, Hannes Bichsel, Patrizia Lo Turco, Katja A. Freese
Layout & Umschlaggestaltung: Ronald Zürrer
Umschlagbild: C. Steiner (© DigitalStock); auch auf S. 6
Gesamtherstellung: CPI Moravia Books GmbH
Printed in Czech Republic

ISBN 978-3-906347-99-8

Das Schöne ist eine Manifestation geheimer Naturgesetze,
die uns ohne dessen Erscheinung ewig wären verborgen geblieben.
(Johann Wolfgang von Goethe)

Die Poesie ist für den Menschen
Gang im Lande der Schönheit.
(Novalis)

Jeder, der sich die Fähigkeit erhält,
Schönes zu erkennen, wird nie alt werden.
(Franz Kafka)

Ich finde, die Wirklichkeit ist das,
worum man sich am allerwenigsten zu kümmern braucht,
denn sie ist, lästig genug, ja immerzu vorhanden,
während schönere und nötigere Dinge
unsre Aufmerksamkeit und Sorge fordern.
(Hermann Hesse)

Einleitung

Die Idee: Während ich in den Osternferien 2009 mit meinem Sohn durch Frankreich fuhr, beschäftigte mich die Frage, wie wir das 20-jährige Bestehen des Govinda-Verlages, das in diesem Jahr anstand, in würdiger und angemessener Weise feiern könnten.

Sollten wir – wie zehn Jahre zuvor – einen Festakt organisieren, zu dem wir alle bisherigen Govinda-Autorinnen und -Autoren sowie unsere treuen Leserinnen und Leser einladen würden, um an einem Tag oder einem Abend gemeinsam das Jubiläum zu begehen, um auf die vergangenen Jahre und Publikationen zurückzublicken, uns gegenseitig beieinander zu bedanken, uns für das Erreichte zu gratulieren und uns zu freuen, dass es uns noch gibt und dass es stetig vorwärts geht mit unserem Verlag? – Ja, gewiss, das sollten wir tun.

Sollten wir – wie ebenfalls zehn Jahre zuvor – zudem einen Jubiläumsband zusammenstellen mit Auszügen aus allen Büchern, die wir seit unserer Gründung veröffentlicht haben, eine Art «Best of Govinda-Verlag»? – Nein, dieses Mal nicht, lautete meine spontane innere Antwort. Dieses Mal wollte ich nicht bloß zurückblicken auf Vergangenes, dieses Mal wollte ich, wenn schon, dann ein Jubiläumsbuch machen, das in die andere Richtung der Zeitachse, in die Zukunft weisen würde. Aber wie?

Nachdem ich am Abend unter solchen Erwägungen eingeschlafen war, wachte ich mitten in der Nacht auf und schrieb unwillkürlich die folgenden Zeilen nieder:

Dem Schönen zuliebe
Oder: Aller Dürftigkeit zum Trotz

Ich schreibe für das Schöne und das Edle,
für das Wahre, das Gute, das Hilfreiche.
Das ist mein Dienst.

Ich singe eine Ode an die Zuversicht
und eine Ode an die Liebe,
die ich erahne und an die ich glaube.

Ich schreibe aus Freude und aus Hoffnung,
nicht aus Frustration und nicht aus Hass.
Für das Reine und das Echte schreibe ich,
nicht gegen das Üble, nicht gegen die Lüge,
aber der Lüge, der Heuchelei, dem Spott zum Trotz,
dem Schönen zuliebe.

Ihr könnt meinen Willen nicht brechen
und nicht mein Wissen um den Sinn.
Ihr könnt meiner Gewissheit mich nicht berauben
und nicht meines Lichtes, das leuchtet
allem Dunkeln, aller Kälte, aller Wüste zum Trotz,
dem Schönen zuliebe.

Ihr könnt meine Worte, meine Liebe nicht auslöschen,
sie nicht erkaufen und sie nicht stehlen.
Frei sind sie, ungebunden und stark,
Geschenke des Herzens, Diener der Harmonie,
aller Enge, aller Dürftigkeit zum Trotz,
dem Schönen zuliebe.

Diese Welt bietet so viele Gründe,
traurig zu sein, verbittert und zornig und enttäuscht.
Diese Zeit bietet so viele Gründe,
anzuklagen, zu verurteilen oder aufzugeben.
Ich aber werde nicht aufgeben, nicht verurteilen,
nicht verbittern und nicht enttäuschen.

Denn all diesen vielen Gründen zum Trotz
erfülle ich meinen Dienst, ersinge,
besinge ich immer wieder, immer wieder

das Schöne, nach dem ich mich sehne,
das Wahre, um das ich weiß,
das Gute, das ich in mir trage,
und das Edle und Hilfreiche,
dessen diese dürftige Zeit
so sehr bedarf.

Diese Zeilen, so schien es mir, waren die Antwort auf meine Frage nach dem Wie: Das Jubiläumsbuch zum 20-jährigen Bestehen des Govinda-Verlages sollte der Poesie gewidmet sein – «dem Schönen zuliebe, aller Dürftigkeit zum Trotz». Doch wer sollten seine Autoren sein? Nun, wem gehört die Zukunft, die gewünschte andere Richtung der Zeitachse? Der Jugend.

Somit war die Idee geboren, und es war klar: Wir würden einen Lyrik-Wettbewerb ausschreiben für junge Autorinnen und Autoren, die allen Herausforderungen und aller Dürftigkeit unserer Zeit zum Trotz am Positiven und Bejahenden festzuhalten gewillt sind und die ihr Schreiben und Schaffen in den Dienst des Schönen und Guten stellen. Wir würden also Ausschau halten nach positiven lyrischen Texten junger Talente und ihnen eine Chance und eine Plattform geben, gehört zu werden. Die besten 100 Einsendungen würden wir in unserem Jubiläumsbuch publizieren und die vier allerbesten überdies mit attraktiven Preisgeldern auszeichnen.

Die Ausschreibung: Beflügelt von dieser Idee, leitete ich nach den Osterferien umgehend alles Erforderliche in die Wege, um sie zu realisieren. Wir gestalteten und druckten Flugblätter und Plakate zu unserem Lyrik-Wettbewerb und richteten eine eigene Website *(dem-schoenen-zuliebe.ch)* ein. Wir versandten Hunderte von Mails an Freunde, Kunden, Autoren, Verlage und an zahlreiche Internet-Plattformen, auf denen sich junge Schreibende treffen und austauschen. Wir informierten Radio und Presse über die Ausschreibung und verteilten die Flugblätter an Gymnasien, Universitäten und Kunsthochschulen.

Parallel dazu stellten wir eine Wettbewerbs-Jury zusammen, die nebst mir selbst als Gründer und Inhaber des Govinda-Verlages aus den folgenden drei Mitgliedern bestand: *Hannes Bichsel,* gelernter Lehrer, früherer Unterhaltungchef des Schweizer Fernsehens, heute Mit-Inhaber einer TV-Produktionsfirma und seit 30 Jahren Autor unzähliger Fernseh- und Radio-Beiträge; *Patrizia Lo Turco,* Gymnasiallehrerin für Deutsch und Italienisch und Autorin von belletristischen Werken sowie *Katja A. Freese,* Schriftstellerin, Sängerin und Autorin des Govinda-Verlages.

Dann galt es abzuwarten, ob der Lyrik-Wettbewerb von der Öffentlichkeit wahrgenommen und unser Angebot erwidert werden würde.

Die Textauswahl und die Autoren: Die Resonanz war überraschend und überwältigend: Binnen dreier Monate erreichten uns insgesamt 627 Texte von 267 Autorinnen und Autoren aus dem gesamten deutschen Sprachraum und sogar von außerhalb desselben. In der Ausschreibung hatten wir die Anzahl einzureichender Beiträge pro Autor auf drei beschränkt, sonst wären es gewiss noch mehr Texte geworden.

Doch nicht nur die Quantität der eingereichten Texte war erfreulich, sondern auch deren Qualität. Die einzelnen Jurymitglieder hatten vieles zu lesen und zu bewerten, und die Jury als Team hatte einiges zu diskutieren und abzuwägen, um aus der Fülle der guten Zusendungen schließlich die schönsten und besten 100 Texte zu erwählen, die nun im vorliegenden Buch erstmals veröffentlicht werden.

Dabei standen für die Textauswahl vor allem die drei folgenden Kriterien im Vordergrund: Erstens – erfüllt der Text die thematische

Vorgabe, dass er dem Schönen und Bejahenden dienen sollte? Zweitens – ist er sprachlich schön, kunstfertig und originell ausgearbeitet? Und drittens – berührt er uns in unserem Innern, so dass wir beim Lesen den Hauch des Schönen verspüren?

Zweifelsohne ist jede Auswahl letztlich immer subjektiv, aber wir wünschen uns, dass die Leserinnen und Leser dieses Buches in den lyrischen Texten unserer Jubiläums-Anthologie genauso viel Freude und Erbauung, Erheiterung und Ermunterung finden werden wie wir selbst.

Bedanken möchte ich mich an dieser Stelle bei allen jungen Autorinnen und Autoren, die unserem Ruf gefolgt sind und ihre Texte eingereicht haben – auch bei denjenigen, deren Beiträge leider nicht in die vorliegende Auswahl aufgenommen werden konnten. Sie alle möchte ich ermutigen, mit dem Schreiben fortzufahren, denn Worte wie die ihrigen braucht unsere dürftige Zeit.

Aufgenommen in die Anthologie «Dem Schönen zuliebe» wurden wie geplant exakt 100 Texte von insgesamt 84 Autorinnen und Autoren. Da wir bei der (anonymen) Textauswahl ausschließlich auf die Qualität der Beiträge achteten und nicht auf deren Verfasser, ergab es sich, dass manche Autoren mit zwei oder gar mit allen drei ihrer Beiträge im Buch vertreten sind.

Die jüngste Autorin ist acht Jahre alt, und die ältesten sind aufgrund der Altersbegrenzung, die unserem Wettbewerb zugrunde lag, 28 Jahre alt; elf unter ihnen sind sogar noch nicht volljährig – getreu unserem Motto «Der Jugend eine Chance!». Von den 84 Autorinnen und Autoren wohnen 38 in Deutschland, 37 in der Schweiz, 6 in Österreich sowie je 1 in Frankreich, in Norwegen und in den USA. 62 sind weiblich und 22 männlich.

So individuell jeder einzelne von ihnen auch ist und so unterschiedlich ihre lyrischen Gedichte und Prosatexte auch sein mögen – ihnen allen ist eines gemein: Sie haben den Drang und den Mut zu schreiben. Sie schreiben über ihre Gefühle und Gedanken, über ihre Erlebnisse, Erfahrungen und Einsichten, über ihre Phantasien, Hoffnungen und Sehnsüchte, und sie alle schreiben dem Schönen, der Poesie zuliebe, aller Dürftigkeit zum Trotz.

Mögen Sie, liebe Leserin und lieber Leser unseres Jubiläumsbuches, aus den Beiträgen all dieser hoffnungsvollen, vielversprechenden jungen Menschen, denen die nach vorne blickende Richtung der Zeitachse gehört, Zuversicht und Lebensfreude, Labsal und Erquickung schöpfen.

Denn solchen Menschen zuliebe, solchen Autoren und solchen Lesern zuliebe, gibt es Bücher, gibt es Verlage, gibt es auch den Govinda-Verlag, dessen 20-jähriges Bestehen wir in diesem Jahr dankbar feiern dürfen.

Ronald Zürrer,
im Herbst 2009

Warum ich schreibe, fragt mich wer

Fragt mich wer, warum ich schreibe
Stelle ich mich gerne stumm
Denn ich schrieb so manche Zeile
Und wusst nicht recht warum

Mir fließen Worte aus den Händen
Stehen plötzlich schwarz auf weiß
Und in den eigenen vier Wänden
Hör ich dann mein Herz, ganz leis

Mein Herz, das wieder schlägt und lacht
Weil es Luft zum Atmen hat
Wenn ein Stift in wirrer Nacht
Sich paart mit einem weißen Blatt

Lasse die Gedanken fließen
Auch wenn verzweifelt sie mir scheinen
Um sich in Worten zu ergießen
Die es oft besser mit mir meinen

So ahne ich erst hinterher
Dass Worte Herzen klingen lassen
Warum ich schreibe, fragt mich wer?
Um mich ein Stück in mir zu fassen.

Jana Klar

Schwarze Tinte auf weißem Papier

Schwarze Tinte fließt aus meiner Feder
Linien, die sich auf dem Blatt verteilen
sich überkreuzen – sich vereinen
Sie bilden Buchstaben – Worte
Vollständige Sätze erscheinen
Sie wandern vor meinen Augen vorüber
Ziehen dahin wie ein Schwarm Vögel
Ich sehe sie
Verstehe sie
Fühle sie
Sie sind ein Spiegel meiner Seele
Ein Abbild meines Innersten
Ein Bildnis meiner Träume – Sehnsüchte – Gedanken
Flüchtig wie ein Sonnenstrahl
Verletzlich wie der Flügel einer Motte
Mächtig wie das Meer
Unendlich wie der Himmel
Frei wie ein Falke

Tabea Schaffner

Frühlingsidylle

Denn Tannennadeln fädeln keck im Winde
Der Frühling webt sein Kleid im grünen Gold
Zum Himmel schnitzt die hohe Kron die Linde
Die Eiche lacht in Strahlen süß und hold.

Wo Vögel dichten märchenhaft die Hymnen
Der Sonne welche lauschet aus den Höhn
Und spiegelt lustvoll wo die Flüsse münden
Die Welt verwandelt sich und sie ist schön.

Ein Glück ist es auf dieser Erde wandern
Denn dieser Boden ist so kühl und weich
Nun zähle doch wo deine Schritte standen
Oh Freund, erkenn du bist unendlich reich.

Timofei Gerber

Gedankenzirre

Welch ein Glück,
der Sonne zuzuwinken
und in den Wolkenbildern zu erkennen,
dass Schönheit überall zu finden ist.
In Vertrauen und in Ruhe.
In Freude darüber, dass ein neuer Tag erwacht.

Welch ein Glück,
zu haben und zu sein.
Dich zu haben.
Mich zu sein.

Julie Wüthrich

Begegnung

Forschend in die Nacht hinein
hebt sie fragend ihren Blick.
Sie neigt den Kopf zum Himmelszelt,
mal hin, mal her und dann zurück.
Wissbegierig tanzt ihr Herz,
voll Entzückung ihr Verstand,
die Schönheit dieses Augenblicks
knüpft ewiglich mit ihr ein Band.
Schönheit ist, so denkt sie sich,
geheim und offenbart zugleich,
so wundervoll und unbekannt,
von Sehnsucht schwer und doch ganz leicht.

Und wenn auch dieses Band vergeht
wie die Sonne zwischen Tag und Nacht,
so hörte sie doch niemals auf
– und lacht!
Drum wählt sie mit Bedacht,
woran sie ihre Liebe hängt,
was sie macht stets eingedenk,
worin sie ihre Seele tränkt.

Robert Prentner

Big Bounce

Einen Finger auf dem Reset-Knopf fürs Leben.

Morgen spielen wir im Quantenschaum eines neuen Universums – ein neuer Anfang, ein Mikrokosmos für uns zwei. Wir werden Schneeballschlachten träumen, Paläste aus goldenem Sand, die Sonne scheint heißer als ein glühender Stern.

Atmen. Schlucken. Seufzen. Leben.

Keine Zeit, sich kurz zu fassen.

Morgen bauen wir Welten in die Leere des Raums.

Einen Finger auf dem Reset-Knopf fürs Leben.

Deine Hände zittern zögernd.

Morgen, sagst du, und lächelst mich an.

Heut' Nacht noch schauen wir den Wolken zu.

Laura Martena

Sommernachtsblau

Das wolkenschwere Morgengrauen
entsteigt den nächtlich-düster-blauen
von Nebel trägen Morgenstunden,
verfärbt den Himmel in Sekunden
mit gleißend rotem Sonnenlicht,
zerreißt die dicke Wolkenschicht.

Das erste silbrig-fahle Gleißen
ergreift die nacht- und nebelweißen,
verschlafen stillen Wolkenbogen,
die weitgeschweifte Bahnen zogen,
markiert die dünnen, schwachen, hellen
und schnell verdampften Wolkenstellen.

Die glutgefärbten Sonnenspeere
zerstechen dichte, düster-schwere,
hoch aufgetürmte Wolkendecken,
erfüllen alle Wolkenecken,
zerschneiden Nacht- und Nebelfahnen,
durch die sich jäh die Strahlen bahnen.

Die neu entfachte Sommerschwüle
verdrängt die nächtlich-sanfte Kühle
und drängt sich an die Menschenhaut,
die staunend auf zum Himmel schaut,
erfüllt von Erfurcht und Gefühl
durch dies Naturgewaltenspiel.

Fabian Freygang

… Und Rosen wachsen auf Bäumen

Hoppla, und schon liegt man da, mit dem Gesicht in der Pfütze, und das dreckige Wasser, aus sauren Wolken ergossen, zischt die Nasenlöcher empor, auf dass das gesamte Gehirn voll Wasser laufe.

So merkt man den Regenbogen gar nicht, der sich über dem Rücken erstreckt, von einer Seite auf die andere, und wieder zurück, über den all die grinsenden Kobolde mit ihren bronzenen Töpfen voll Gold marschieren, in Reih und Glied, in Grün gekleidet, Stiefel an, die Augen voll leerer Vorstellungen.

Die Hände voll Dreck, Gestank im Kopf, achtet man nur darauf, auf dass man wieder weitergeht. Unauffällig wieder in die Höhe wachsen, ja so ist gut, keiner hat's gesehen, nicht nach rechts und links gucken, nach oben schon gar nicht, wer interessiert sich in diesem Moment schon für die Sonne und die Wolken, die flauschigen, oder gar den Mond, der leuchtet mit den Geschwistern Sternen? Nein, geradeaus gucken, ein Fuß vor den anderen, mal noch nach unten geschielt, aber so, dass es keiner sieht.

Das Lied, das man dabei pfeift, wird trotzdem gehört von den publikumsähnlichen Gestalten an der Stadtmauer, die aufgereiht und durcheinander die Straße beschauen, kaum beachtet, doch nicht gern gesehen. Sie sind still und leise vor vorgehaltener Hand, voll Schadenfreude, voll Hohn, voll Hoffnung, voll Jähzorn, voll Freude und Neugierde. Sich selbst kennen sie nicht, sich selbst benennen sie nicht, sie haben ein jeder nur ein Leben und keine Zeit, sich über sich Gedanken zu machen, wieso auch, da ist schließlich genug los, auf der Straße in der Stadt.

Voll Ungeduld können wir sagen, da ist nichts zu machen. Zwischen Hohn, Gier und der Scham ist nicht viel Platz. Jetzt muss man nur aufpassen, dass man, sich auf nichts anderes konzentrierend als darauf nicht zu sehr konzentriert auszusehen, vor lauter vorgetäuschter Gleichgültigkeit, mit der Stirn nicht gegen eines der Enden des Regenbogens knallt.

Youliee Oktober

Schnuppenwunsch

Zwischen Gestirnenstaub und Mondlicht
erblüht ein Stern
und verlischt.

Flüsternd tragen Lippen einen Wunsch
in den nachtblauen Himmel
und warten.

Elisabeth von Leon

Sonnenkreise

Sonnenkreise
Schneckenreise
um die
      Ecke gehn
                      sehn
so wächst du dem Licht entgegen

Ich versuche die Augen zu öffnen
das Licht blendet mich
Ich   ICH?
Stille
     breitet sich aus

und ich gehe weiter

Das Lied der Seele
                 sind Bilder
die wachsen
im Dunkeln
      des Abendlichts

Laura Tognina

Geburt

O geliebtes Erdenrund!
Schauer erfüllen mein glückliches Herz,
Es sehnt sich nach der Unendlichkeit des Moments
Und dem nie Erwachen aus diesem alles durchdringenden Zauber.
Die ganze Welt scheint in einem goldenen Lichte
                                    getränkt zu schlafen.
Das Gefühl, nur für diesen einen Moment gelebt zu haben.
Alles andere war Vorahnung,
War Leben vor der Geburt.

Meret Gut

Sommerregen

Es regnet in Strömen. Von unserem großen, blauen Regenschirm rinnen am Rand Wasserfäden herunter, silbrig und hell, und malen einen durchsichtigen, flirrenden Vorhang aus Tropfen um uns herum, als wir den Park betreten. Das Eingangstor hat goldene Spitzen, deren Glanz sonst sofort ins Auge fällt, aber heute regnet es, die ganze Welt glänzt spiegelnd von der Nässe, und das Gold der Torspitzen ist nur eine blanke Farbe unter anderen. Die Luft riecht nach Blüten, als würde der Sommerregen den Duft aus den Blumen waschen und über den Rasen und die Sandwege des Parks verteilen. Und als wir den Weg verlassen und Arm in Arm unter den Bäumen entlangwandern, fällt der Regen in schweren Tropfen aus den Baumkronen herab auf den Stoff des Schirmes.

Wir sind ganz allein, niemand sonst kommt auf die Idee, bei strömendem Regen im Park spazierenzugehen, und wir wandern unbekümmert durch das hohe, tiefgrüne Gras, bevor wir uns dem Weg zuwenden, der zum See hinunterführt. Er ist ein wenig abschüssig, und ein kleiner, eiliger Bach aus Regenwasser fließt den Weg hinunter, kaum einen Fingerbreit tief, aber mit winzigen Strudeln in der Strömung.

An der Stelle, wo sich die Rosenbögen über dem Weg wölben, gehen wir unwillkürlich langsamer. Im Vorbeigehen berühre ich eine der regenschweren Blüten und schüttle sie leicht, Wassertropfen rinnen in meine Hand, und verstohlen führe ich die nassen Finger an den Mund, überzeugt, sie müßten süß schmecken.

Schon von weitem sieht man die Oberfläche des Sees, grau und unruhig im Regen, voller Muster, in dem sich das Auge verlieren kann. Wir bleiben stehen, und ich betrachte die leere Seeoberfläche, keiner der Schwäne ist zu sehen. «Wohin schwimmen die Schwäne, wenn es regnet?», frage ich laut, aber ich bekomme keine Antwort. Schweigend gehen wir weiter, folgen der Abzweigung zu dem kleinen

Springbrunnen oben am Blumenrondell. Der Brunnen läuft nicht, aber der Regen hat die Schale auch ohne die Hilfe der Fontäne gefüllt, und das Wasser läuft in dünnen Fäden über den unregelmäßigen Rand und in das steinerne Becken.

Dort treffen wir andere Spaziergänger, ein älteres Pärchen, unter einem großen, karierten Regenschirm. Sie sehen mich und grüßen freundlich.

«So allein unter dem großen Regenschirm?», scherzt die ältere Dame, und ich lächele vieldeutig und bleibe am Rand des Rondelles noch ein wenig stehen, inmitten der glänzenden, spiegelnden Farben des Sommerregens.

Sarah Fiona Gahlen

Möchtest du die Zeit anhalten?

Möchtest du die Zeit anhalten,
um den kostbaren Moment für immer
zu bewahren?
Möchtest du die Zeit beschleunigen,
um dem Leiden ein baldiges Ende
zu setzen?

Möchtest du nicht der Zeit die Möglichkeit geben,
ihren stetigen Rhythmus selbst zu finden,
einzuteilen,
und dich von dieser Abwechslung in den Bann ziehen
und überraschen lassen?

Oder reicht die Zeit eines Lebens nicht aus
für dieses Experiment…?

Joel Kobi

Heller Blick

Seewind in alten Eichen

Wasserglitzern sonnenspiegelt
die Haut mit heller Wärme

Mein Rückgrat verwachsen
mit dem Holz eines Stammes
der einst im Wasser seine Schwere ließ

Das weite Blau über mir
wird weites Blau in mir

Und am Ufer tanzt die Seele
leicht
losgelöst
und ahnungsvoll
ihrem schimmernden Traum entgegen.

Maria R. Rossmanith

Sommer

Kannst du dich erinnern
an einen Tag
an dem der Himmel so weit wird
wie das Meer
und dorthin nimmst du den Zug
neben dir ein Freund und
zwei Rucksäcke voll Freiheit
und plötzlich spürst du wie schwer du
bisher getragen hast
an dir
ein leiser Schmerz den du hinträgst
zur lauten Stille dieses Meeres
und jeden Tag ein Stückchen mehr
Heimat finden, dort,
im salzigen Wasser,
dort, zwischen Muscheln, Steinen und Sand

Kannst du dich erinnern
an diese Tage
an denen wir uns begegnet sind
in einer leisen Sprache
die Haut das Haar die Taschen voll Wind
voll von all dem
kannst du dich erinnern, alles dort
du und ich und
dieses Meer

Irmi Wyskovsky

Wir sind hier und schön ist dort

Die Welt dreht sich nur um dich,
ich weiß wie anstrengend das ist.
Leg deinen Kopf auf meine Schulter,
öffne deine müden Augen für einen Moment.

Zärtlich zerreiße ich den Schleier
und küsse deine Stirn.
Du lächelst mich an,
deine Augen lachen Sterne in dein Gesicht.
Ich halte dich.

Über mir ragen Berge auf
voller düsterem Schweigen.
Das Oben drückt samtig schwer gegen
ihre spitzen Felsen und
sachte glüht die Dunkelheit
zwischen den Schatten vieler Bäume.
Ein stilles Gebrüll – freie Heimat.
«Dort oben», denke ich,
«wenn dort Leben möglich ist, ist alles möglich.»

Ich senke meinen Kopf an deinen,
ein Rauschen dringt in mein Ohr,
ein Fließen und Stöhnen und Reißen.
Mein Ich zerteilt sich in Gefieder.
Ich bin irgendwo zwischen hier und dort.
Da, wo es schön ist.

Alice Arndt

Wie sanft es glüht

Wie sanft es glüht
der weite Himmel salzverstaubt
Schaumwolken wassern leise
an stillen Stränden
ankern Wellen schattenlang
auf wunderbare Weise
enthüllt sich Klang um Klang
was uns belügt
zerrinnt uns in den Händen
wenn alles Sein zerfällt
in alte abgestreifte Haut
und eine lichte neue Welt

Tobias Pagel

Morgenlicht

Leise flüsternd sanft erwacht
aus grauen Nebelschwaden
Silhouetten baden
im Morgenlichte sacht.

Schemen schimmernd seltsam kalt
Undurchsichtig matt verklärt
den neuen Morgen ehrt
mehr Schatten denn Gestalt.

Wabernd schwebend er noch bleibt
Geiste jener dunklen Nacht
auf seiner einsam' Wacht
bis Wärme ihn vertreibt.

Strahl aus Gold uns kitzelnd weckt
schenkt die Hoffnung für den Tag
für jeden was er mag
oft nur so leicht versteckt.

Alexander Weitnauer

Rose

Ich pflück dir eine Rose,
Aus Gras und grünem Moose,
Mein Blumenstrauß ist eine Pracht,
Er leuchtet auch in finstrer Nacht,
Er funkelt hell wie Sonnenschein
Und er bleibt immer, immer dein.

Hannah Zoe Schütt

Schönheit ist

Schönheit ist, so sagen es viele, weder objektivierbar noch in Zahlen und Worte zu fassen: Und dennoch wird sie jeder Mensch erkennen, wenn er sie sieht, wird den Zauber des Augenblicks, die Stille im Begehren oder die Wärme in einer hektischen und kalten Welt spüren.

Schönheit liegt, so sagen es viele, im Auge des Betrachters: Und dennoch sind so viele gleichsam verzaubert vom Anblick einer blühenden Blumenwiese, von der Kunst der alten Meister oder dem Klang einer Beethovensonate.

Oft ist sie uns allen gemein und berührt, auch das sagen viele, direkt unser Herz: Und dennoch gibt es Menschen, welche sie eher in den Strukturen der Ordnung oder der Mathematik anfinden; Menschen, welche die Schönheit mit dem Verstand oder der Logik erfassen, dem Gott der Philosophen gleich.

Schönheit ist, so sagen es viele, universell: Und dennoch sehe ich die Schönheit, wo andere sie missen, dann wieder suche ich sie vergebens, wo andere sie hoch feiern. Sie offenbart sich jedem und doch immer auf andere Weise.

Oft reicht schon ein Augenblick, so sagt man, um den Blick auf ein neues Detail zu richten. Und manchmal, ja manchmal, reicht es, sie im Kleinen zu sehen, um sie im Großen zu finden.

Robert Prentner

Stille

Das geräusch
nachdem eine
bevor die nächste

schneeflocke

den boden berührt

Irmi Wyskovsky

Augenblick

wie es bebt und wie's sich windet
wie es wächst und wieder schwindet
wie es anschwillt und verjährt
wie es stirbt und neu gebärt

wie es zerfließt und frisch verbindet
wie's sich verliert und wieder findet
wie's tobt und sündigt und vergibt
wie es sich türmt und hasst und liebt

als würd' die Ewigkeit sich dehnen
als schmelze alles Glück und Sein
alles Verlangen alles Sehnen
in diesem Augenblick sich ein

Dieser Text wurde mit dem 1. Preis des Lyrik-Wettbewerbs ausgezeichnet.

Tobias Pagel

Meine Gedichte

Es hing selten mein Herz an Dingen,
Wie an des Schreibers goldnem Stiel,
Wo mich die Flügel der Worte umfingen,
Ohne Erwartung, ohne Ziel.

Meine Seele fliegt mit dem Papier,
Und ein Lächeln in mein träumendes Gesicht,
Als wären die Sterne näher bei mir,
Und der Raum getaucht in ein helleres Licht.

O meine Gedichte, wie ich euch liebe,
Seid mir Trost in dunkler Zeit,
In der Angst, dass nichts mehr bliebe,
Habt ihr mich für den Augenblick befreit.

Nathalie Bänninger

Irgendwo

Irgendwo
Scheint die Sonne
Ich sehe sie nicht
Die ganze Erde
Liegt zwischen ihr und mir
Um mich ist schwarze Nacht

Es ist hell
Am andern Ende der Welt
Schatten spielen
In den Zweigen grünender Bäume
Wind atmet
Im dunklen Wasser

Alles trinkt
Vom Leben im Licht
Alles atmet
Licht und Leben

Und hier
In der Finsternis
Atmet die Nacht das Licht
Das war und kommen wird

Simone Eva Höhn

Vom göttlichen Azur II
(An die Göttlichkeit)

Kommet wieder, Jahrmillionen!,
voller Demut und Verlangen –
ihr, die mit dem Thronen Gottes
allezeit einhergegangen.

Blicket auf: Er donnert nieder
von des Kosmos Weltenflur.
Seine Mächte kehren wieder,
doch wir stehen bangend nur,
ohne seine Kraft zu spüren. –
Weckt er nun, was nie berührt?
Wohin mag er uns nur führen,
da wir lang schon ungeführt
stehen in des Daseins Kühle,
unbedeckt und unumwandt?
Herr, wir suchten deine Schwüle
in des Kosmos dunklem Band!

Kommet wieder, Jahrmillionen!,
längst vergessen und vergangen –
ihr, die mit des Vaters Thronen
all die Zeit einhergegangen.

Siehe Welt: Du hast ihn wieder,
nicht jedoch im ganzen Stück!
Singe tausend Kirchenlieder
ihm zu Gnaden, dir zum Glück,
dann erst wird er dich erhören
und der Sinn an Freude reich.
Traue dich ihn zu beschwören,
aber stelle dich nicht gleich.
Widme ihm dein ganzes Leben;
opfre Herzblut und auch Zeit –
eines musst du selbst dir geben:
die Courage zur Ewigkeit.

Kommet wieder, Jahrmillionen!,
voller Demut und Verlangen –
ihr, die mit dem Thronen Gottes
allezeit einhergegangen.

Christian G. Riedl

Land im Nebel

Unberührtheit nebeltrunken
Regungslos im Schlaf versunken.
Ein junger Tag regt sich benommen
Die ersten Schritte sind vollkommen.

Noch nichts ihn am Erblühen hindert
Seine einzigartig Schönheit mindert.
Sonne zaghaft ihre Lider senkt
Sich zart in Nebels Schwaden mengt.

Wind findet schnell das rechte Maß
Wogt sacht behutsam Felder Gras.
Felder leis ein Fluss durchströmt
So kühlend frisch den Sinn verwöhnt.

Auch Frühaufstehers Flügelschlag
Die Stille nicht durchbrechen mag.
Geleitet lediglich des Wegs entlang
Mit zierlich zartem Lobgesang.

Ursula Giga

Sommersonnenduft

Fast schon bald schon Sommersonnengefühl auf bloßen Schultern nackten Beinen blanker Haut auf der der zarte Wind der auch schon nicht mehr kühl sein darf spazieren geht sich den hübschesten Weg entlang streicht und sanft die warme Bräune küsst die aus dem Innern tief und von dem Außen hoch sich anschleicht und fest einschlägt längst erwartet freudig begehrt sowieso unlängst erwünscht herbeigesehnt entgegengeblickt mit großen blank leuchtenden Augen offenem Mund gespreizten Fingern bis es kitzelt zwischen den Zehen als sei es Sand und Meer und mehr und der Geruch der starke Duft auf deinem Arm von deinem Bauch neben deinem Ohr strömt so intensiv hinter meinen geschlossenen Augen durch die Spitzen meiner Finger vorbei an der Stelle an der du mich am schönsten findest verläuft weiter so tief in mir so zart durch dich und langsam sehr langsam wird klar warum die Welt sich dreht die Zeit vergeht obwohl sie jetzt ja gerade jetzt entschied doch entschied anzuhalten sich umzuschauen durchzuatmen kurz zu lächeln und dann geht es eben weiter doch du liegst immer noch bei mir immer noch mit mir zusammen mit deinem Sommersonnenstrahlenduft der in meiner Nase kitzelt wie auf meiner Haut deine süßen Härchen und der Sommersonnenduft.

Silvia Woll

Dem Liebsten

Eingewiegt in sanftes Schweigen,
Von ahnungsvoller Nacht umsäumt,
Lass uns tief und tiefer steigen,
In Sphären, wo die Seele träumt,
Wo heil'ge Laute Weisheit lehren
Und so der Stille Anmut mehren.

Vom Erdenschlummer zart umfangen,
Wenn leis der Herzen Inn'res bebt,
Werden wir das Glück erlangen,
In Welten, wo das Wahre lebt,
Wo uns des Zaubers Ton umschwirrt,
Dass gold'ner noch die Ruhe wird.

Die Sternenfelder wogten sachte,
Ein Glitzern schloss uns Aug' und Ohr.
Schon als der Abend scheu erwachte,
Durchschritten wir des Wunders Tor,
Ein reines Wissen zu erfahren,
Das nur der Liebe Klänge wahren.

Dieser Text wurde mit dem 4. Preis des Lyrik-Wettbewerbs ausgezeichnet.

Anna Reichert

LautLoses Feuer

Voller anmutigem Feingefühl lässt du
Deine Finger über das Piano schweben
Und entlockst ihm ohne zu zögern
Lustvoll bebend Töne.
In einem Atemzug entweichen Wunder,
Zarten Frühlingsblumen gleich,
Um nur einen Streich später in eine
Unter Hammerschlägen erfolgte Feuersalve zu münden.
Ein kecker Blick deiner smaragdgrünen Augen
Sticht hinaus in das trübe Grau der Musiklandschaft,
Das nur der geringste Hauch deiner Sirenenstimme
Zum Bersten bringt.
Deine Botschaften heftig wie Schwefelsäure
Schickst du auf klingenden Pfeilen
In mein erschüttertes Ohr,
Wo sie ohne Widerstand
Mit meinen Gedanken verschmelzen.
Dein ungehemmtes Spiel auf der Klaviatur des Lebens
Soll mich auch weiterhin
Durch die Labyrinthe des Seins
Geleiten und mir den Weg leuchten.

Tobias Zeitler

Bitte frage mich nie

Bitte frage mich nie,
was ich für dich tun,
wie weit ich für dich gehen
würde.

Denn die Antwort
alles, oder:
bis ans Ende der Unendlichkeit
und weiter, und zurück
– oder auch nicht –
ließe all dies unberücksichtigt,
was ich dir wirklich geben möchte
und nicht lediglich würde.

Joel Kobi

Ein Traum

Als alle Welt im Mondenschein noch tief und innig schlief,
Hörte ich wie mich ein Kind bei meinem Namen rief.
Als ich vor langer Zeit als Kind im Grase liegend sann,
Rief ein Licht mit Freude her: «Tritt näher an mich h'ran!»

Auf einem Hügel, rötlich warm, gebett't in Sonnenschein,
Flog blau der Himmel über mir, geheimnisvoll und rein.
Nächtlich floss ein Sternenmeer mit großen Galaxien,
Wie Räderwerk im Zauberlicht, wie Feuersänften glüh'n.

Es flochten rote, weiße Perlen, Stirne, Kreisspiral'n,
Sie schienen Heimlichkeiten, Energien auszustrahl'n.
Der Kosmos leuchtete mich an, und sprach ein neues Lied:
Es war als ob es Dinge gibt, die man als Mensch nicht sieht.

Dinge, die so wunderlich, so kindlich sind und klar,
Dass man sie nur für Träume hält, so deutend wunderbar.
Ich träumt' als Kind zu Tag und Nacht zweimal denselben Traum,
In meinem Herzen, abgetrennt von Zeit und allem Raum.

Ich sah dies große Sternenband zu mir sich liebend dreh'n,
Es sprach mich an und frug mich nur: «Kannst du die Quelle seh'n?»
Ich schwieg und starrte weit hinaus: Magie, Schönheit und Ruh':
Alles floss im Schöpfungsakt auf kleinste Eb'nen zu.

Ich sang ein Lied, dann war's vorbei, erwachte wieder hier,
Wo als Mensch ich war und litt, und frug mich nicht wofür.
Doch als ich jene Welt besah, die hinter allem stand,
Habe ich in einem Stern mein Angesicht erkannt.

Andreas Jakowidis

Seelenbesucher

Ich stehe eingebettet in die Stille der Nacht
hoch über den Felsen.
Unter mir der silberschwarze See.
Die Lichter der Menschen küssen den Bergen die Füße,
die Ewigkeit darüber bleibt unberührt.
In meinem Herzen Frieden und Glück.
Wenn ich die Hand ausstrecke ohne hinzusehen,
fühle ich die Wärme deiner Hand,
die meine zärtlich umfasst,
schlägt dein Herz neben meinem
und unsere Seelen fliegen zu den Sternen.
Nie sah ich dich von Angesicht zu Angesicht.
Manchmal da glaub ich dich zu erkennen
in den Augen und im Lächeln fremder Männer,
ist es auch nur für einen Augenblick.
Doch immer wenn das Leben so schön und still
und ich mir nichts so sehr wünsche,
wie das Glück mit dir zu teilen,
bist du da.
Und manchmal bin ich weg
Um an deiner Seite durch deinen Traum zu fliegen.

Rita Ganz

Das Habdichlieb

Es war einmal ein Habdichlieb,
ganz kuschelig und klein,
das jahrelang alleine blieb –
ach, jahrelang allein!

Die Tage schlenderten im Schlaf,
zerpulverten zu Sand,
bis einmal es ein Wesen traf,
ein Wesen unbekannt.

Es hatte einen Lächelmund,
und große Augen kugelrund
und einen weichen Bauch.

«Wer bist du? », fragte Habdichlieb.
«Wie heißt du? », fragte Habdichlieb
und hörte: «Ichdichauch.»

Alexandra Berlina

Eine kleine dicke Schnecke

eine kleine dicke schnecke
lebt in einer buchsbaumhecke.
das ist ja nicht weiter wild,
doch was in ihrem busen schwillt
ist sehnsucht nach usbekistan,
drum fasst sie einen reiseplan.

doch alle in der buchsbaumhecke
sagen zu der kleinen schnecke:
«bist du denn total bescheuert,
weißt du nicht, wie weit das ist?»
und die raupe, die beteuert,
dass man dort gern schnecken isst.

während alles summt und schwirrt,
packt die kleine unbeirrt
eifrig ihre sieben sachen,
um sich auf den weg zu machen.

ihrem fernweh endlich folgend,
zieht sie frohen mutes los,
doch vor der hecke, an der straße
– ganz, ganz langsam fährt es bloß,
doch viel zu schnell für unsre schnecke –
biegt ein auto um die ecke.

«usbekistan, ich war fast da …»,
seufzt sie noch mit letztem atem,
und voll ehrfurcht trägt man sie
in die hecke vor den garten.

Karen Meyer-Vokrap

Die lange Fahrt

Es bleibt kaum genug Zeit, Abschiedslieder zu singen.
Der Zug pfeift und irgendwo im Dämmerlicht,

Dort, wo der Dampf sich mit dem Nebel trifft,
Dort, wo die Bäume die Blätter nie verlieren,
Dort, wo die Wellen Namen haben,
Dort, wo die Irrwege nach oben führen,
Dort, wo es im Gemeinsam kein Einsam gibt,

Liegt die Zukunft für zwei Leben –
Gleis 1001?

Meret Gut

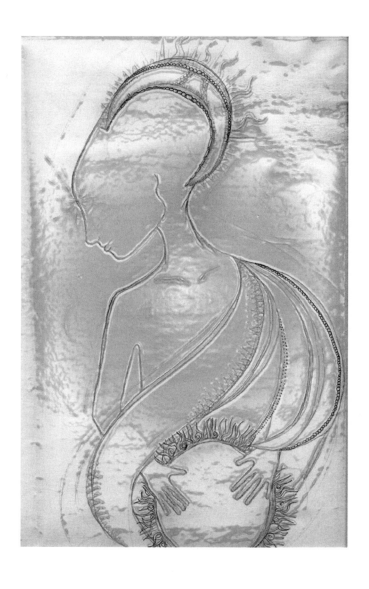

Dem Schönen zuliebe

Die Liebe lässt die Gesichtszüge des geliebten Menschen als vollkommenstes Kunstwerk auf Erden erscheinen.

Dabei ist jedes Lebewesen vollkommene Schönheit Gottes. Denn Gott schuf jedes Lebewesen, und Gott selbst ist vollkommene Schönheit.

Also ist die Liebe mehr ein Hinfortziehen eines menschlichen Schleiers, der unsere Sicht benebelte – hin zur vollkommenen göttlichen Schönheit in allem und jedem.

Gottes Fingerkuppe strich ebenfalls zärtlich die geschwungene Linie deiner Lippen nach, setzte einen klaren Bergsee in dein Auge und küsste den Geist weit auf deine Stirn. Er flüsterte einen frischen Hauch in deine Lungenflügel und erwärmte golden dein Herz.

Maria R. Rossmanith

Abendliches Erwachen

Eines Abends stand ich am Rande der Welt. Vogelgezwitscher und das Rauschen des Windes umgaben mich. Nachdenklich blickte ich der untergehenden Sonne entgegen. Nach einer kurzen Ewigkeit erhob ich meine Stimme und klagte:

«Du weißt um das Schicksal unserer Unfähigkeit, anderen zu vertrauen. Fehler und Irrtümer reißen unsere Seelen in Stücke. Menschen verachten und hassen einander. Sie haben das Lieben verlernt. Das eigene Überleben wird gepriesen und das eigene Leben vergessen. Menschen belügen und betrügen einander aus Angst und Unsicherheit. Wer nicht ernst genommen wird, zerfällt in seinem Wunsch aufzubegehren. Und sobald jemand versucht sich von der Masse abzuheben, wird ihm die Luft aus den Segeln genommen. Das Geld unterwirft uns alle und wir küssen die Hände, in denen es verkehrt. Keine Achtung und kein Sinn für Gerechtigkeit ziert unsere Gemüter. Wir sind nur vorbeigehende Geister in einem endlosen Zorn der Zeit. Also sage mir, Sonne: Warum strahlst du immer noch?»

«Öffne deine Augen», antwortete sie mir ruhig, als ob ihre Stimme mich in Sanftmut wiegen wollte. «Nicht alles ist so schwarz wie du es anmalst. Viele Menschen lachen und kämpfen jeden Tag, um dem grauen Boden, auf dem sie laufen, neue Farben zu schenken. Es wird gesungen und getanzt, auf dass man in Staunen versinkt. Zärtlichkeit ziert das Herz jedes Einzelnen. Die Liebe ist nicht verloren, sie flammt auf und streichelt die geröteten Wangen der Träumer und der Hoffenden. Der Einsamkeit wird mit Vertrauen und Geduld eine helfende Hand dargeboten. Und jeder Mensch, der gerne lebt und mit seinen Freunden das Sein neu erfindet, ist einer, den ich im Stillen bewundere. In der Unendlichkeit meines Kreisens habe ich noch nichts vergleichbar Begnadetes gesehen wie den Menschen. Solltest du das nächste Mal an der Verzweiflung ersticken, so wende dich meiner Wärme zu und denke an meine Worte: Ich strahle dem Schönen zuliebe. Der Schönheit der Menschen.»

Nach diesem Satz war sie verschwunden. Ich wusste, dass sie am nächsten Tag wieder aufgehen würde. Und leise vor mich hersummend ging ich glücklich nach Hause.

Julie Wüthrich

Ich bin viele

Vater und Mutter
Mutter und Tochter
Tochter und Bruder
Bruder und Schwester
Schwester und Mutter
Mutter und Vater

Frau und Geliebte
Geliebte und Weib
Weib und Jungfrau
Jungfrau und keusch
Keusch und wild
Wild und geborgen
Zuhause in mir

Mann und Geliebter
Geliebter und Herr
Herr und Eunuch
Eunuch und entmannt
Entmannt und gierig
Gierig und wild
Wild und geborgen
Zuhause in dir

Yin und Yang
Schwarz und weiß
Grau und bunt
Voll und leer
Chaos und Ordnung
In diesem Moment

Katrina von Grafenstein

Auf dem Weg ins Nichts

Der Nachklang eines tiefen Lachens
Heißungsvoll und unbestechlich
Verfolgt die sich Zugetrauten
Auf dem Weg in ein Nichts
In den Rändern des Weges liegt der Unsinn
Auf alle Seiten hinaus weht Etwas
Es berührt den Himmel nach oben
Es berührt die Erde gegen unten
Sie werfen ihren Sinn für das Ganze
Hinter ihre Fersen
Nehmen sich als leere Schüssel zur Hand
Und legen kleine Stücke der Stunde hinein

Julia Weber

Mönch

Wie die letzte Blüte ewig blüht,
kämpfe ich für meine Göttlichkeit.

Wie die letzte Biene Nektar pflückt,
versenk ich mich in süße Einsamkeit.

Wie die letzte Sonne alles Leben hält,
glaube ich an meinen Geist.

Wie die Stille Klang der Klänge,
wie die Leere schönstes Bild,
wie das Schweigen höchste Poesie –
bin ich das Unberührbare.

Sergej Borissov

Freundschaft mit der Traurigkeit

Gedanken triefend vor Sehnsucht
Und im Schatten des Glücks begreifend,
Was sich im Selben sehnend sucht,
Frucht davon nur im Weinen reifend.

Den Mantel der Schwere, lass ihn doch fallen,
Der Wonne nicht hinterher, entgegen,
Freundschaft mit der Traurigkeit wird gefallen,
Sodann, dem Wunder leise begegnen;

Durch Wolken tanzen, auf Blumen liegen,
Mit Bäumen wachsen, wie Himmel fliegen.

Raphael Borner

Raureif

Die Scheiben beschlagen.
Die Stimmung eiskalt.
Kein lobendes Wort
erklingt, um zu erfreuen.

Prasselnder Regen.
Dunkle Wolken ziehen.
Sieht denn niemand
die Schönheit darin?

Die Blumen trinken.
Die Schnecken lieben's.
Ohne Dunkel
gäb's kein Hell!

Aller Dürftigkeit zum Trotz,
lächelnd vor dem Papiere
– das Leben, so prächtig –
meine Gedanken verfassend.

Die Wörter fließen,
die Stimmung wird besser,
die Sonne blinzelt verschlafen.
Das Geheimnis heißt Fröhlichkeit.

Anja Forrer

Die Welt der Bücher

Ein kleines Mädchen fragte mich einst, als es bei mir zu Besuch war, warum ich so viele Bücher habe. Ich musste erst ein bisschen darüber nachdenken. Schließlich antwortete ich ihr: «In jedem Buch steckt eine wunderbare Welt, die ich beim Lesen entdecken kann.»

Sie war mit meiner Antwort nicht ganz zufrieden und fragte, warum ich denn so viele Bücher bräuchte und warum eines nicht reiche. Darüber musste ich lächeln und sagte: «Nicht alle Welten sind gleich. Jede ist auf ihre Art etwas ganz Besonderes und deswegen hat man nach einem Buch nicht genug, weil das nächste Buch eine ganz andere Welt in sich birgt.»

Das Mädchen fragte daraufhin verwundert, weshalb ich die Bücher nach dem Lesen aufbewahren würde, sie seien schließlich schon entdeckt. Daraufhin antwortete ich: «Nur weil ich sie einmal gelesen habe, habe ich sie noch lange nicht vollständig entdeckt. Ich lese sie immer und immer wieder und finde dabei immer wieder neue Dinge, welche ich beim ersten Lesen gar nicht bemerkt habe.»

Sie bat mich ihr genauer zu erklären wie ich die Welten entdecke. Ich nahm sie bei der Hand und wir setzten uns, ich in meinen bequemen Lesesessel und sie auf den zugehörigen Bock, auf den ich beim Lesen meine Füße hochzulegen pflege. Meine Hand strich über die Buchrücken im Regal neben mir. Dann zog ich eines heraus, welches mir angemessen erschien, und forderte das Mädchen auf die Augen zu schließen. Ich begann ganz leise vorzulesen. Hin und wieder blickte ich auf und sah wie sich die Gesichtszüge des Mädchens veränderten. Die Geschichte die ich vorlas war aus einer Sammlung von Kurzgeschichten, und als ich endete öffnete das Mädchen die Augen und ich konnte in ihnen die helle Begeisterung sehen, welche auch ich damals empfand, als mein Großvater mir die Welt der Bücher offenbart hatte. Ich schenkte ihr das Buch, welches auch mein erstes richtiges Buch gewesen war, und wünschte ihr viel Spaß beim Entdecken der Welten.

Als sie sich erhob um sich in eine Ecke zurück zu ziehen, fiel mir noch etwas ein, was mein Großvater damals zu mir gesagt hatte:

«Bücher sind aufgeschriebene Welten aus dem Innersten eines Menschen. Behandle sie mit Sorgfalt, auch wenn dir das Buch nicht gefällt, denn Bücher sind zerbrechlich, und eines Tages, wenn derjenige der es schrieb vergangen ist, sind sie das Einzige was von ihm in dieser Welt noch bleibt. Die Fantasie, die die Welten schuf und nährt, lebt in ihnen, und nachdem du es gelesen hast, wohnt sie auch in dir. Wenn du eines Tages dann ein Buch schreibst und damit der Welt dein zerbrechlichstes Innerstes offenbarst, wird wieder ein Teil dieser Fantasie in diesen Text einfließen und damit immer weiter fortbestehen. Doch das alles funktioniert nur wenn du liest, es bewahrst und weiterträumst und dann festhältst für alle die nach dir kommen.»

Und genau das werde ich mein Leben lang tun, damit die Träume und die Fantasie weiter in allen Herzen leben.

Manuela Voss

Ein schöner Tag

Die Welt erwacht
so schön wie nie,
in Farbenpracht
und Harmonie.

Ein schöner Klang,
der mich umhüllt.
Ich lausche lang
und glückerfüllt.

Der erste Schritt
an diesem Tag.
Ich gehe mit
wohin ich mag.

Die Sonne scheint
am Himmelszelt,
der Tag vereint,
was mir gefällt.

Ein gutes Wort
in meinem Ohr,
dann strahlt der Ort
wie nie zuvor.

Yvonne Bohrer

Nacht

Wenn die Schatten der Bäume sich im scheinbaren Nichts auflösen,
das Rauschen der Seewogen an Fülle gewinnt,
beginnt die Menschheit zu dösen,
und die Melodie der Nacht erklingt.

Die Schwingen der Nachtwesen durchstreifen die Lüfte,
die Nasenflügel beben, Atem kommt zum Zug,
erschnuppert die nächtlichen Düfte.
Kaum zu stillen, davon hat man nie genug!

Es ist die Stille der Nacht,
die den Geräuschen Dichte verleiht.
Es ist der Atem, der bewegt.
Für das eigene Gefühl bereit!
Alle Sinne auf Empfang, Normen fallen weg,
das Gefühl des Fühlens erwacht,
von Barrieren befreit.

Andrea Dittli

Die Zufriedenheit

die welt
so laut und schnell
manchmal erstaunt es mich
dass die fliehkraft
mich nicht ins weltall
katapultiert
meine sinne
überreizt
mein kopf überfüllt mit gedanken
dass ich meinte
sie müssten bald zu beiden ohren
hinausquellen
gefühle
wie ebbe und flut
die wut
eben noch aufbrausend
zu einer ermattenden leere
zusammengeschrumpft
ich steh am fenster
schaue raus
geblendet vom leben
grün blau grau
du musst
du sollst
du könntest
doch es gibt einen vorhang
den ich ziehen kann
und wenn ich dann im dunklen sitze
wenn ich mich denken hören kann
wenn mein herzschlag sich verlangsamt

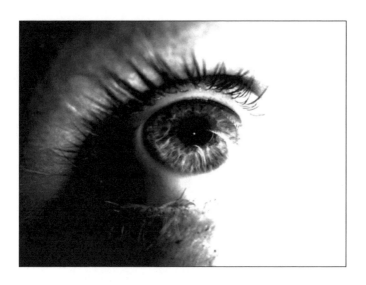

die verantwortung von mir abfällt
und die sorgen eine kaffeepause einlegen
dann spüre ich etwas
tief in mir drin
eine wärme
die sich strahlenförmig ausbreitet
und ich weiß
das ist sie
die zufriedenheit.

Viviane Ehrensberger

Großmutter

Der Großmutter ist es recht, dass sie vieles nicht mehr genau weiß. Sie geht noch jeden Tag ins Dorf und gleicht dabei einem entlaubten, zierlichen, vom Wind ein wenig verrüttelten Bäumchen. Wenn es eisig ist, zieht sie sich Socken über die Schuhe, um nicht zu rutschen. Sie befindet sich in einem leicht segelnden Zustand und glaubt, dass die Welt sich zu ihr verhält. Sie ist oft gerührt, weil sie denkt, dass die Blumen und Blätter für sie gemacht sind. Wenn ein Auto an der Kreuzung hält, steigt sie ein. Sie merkt nicht, dass sie den Mann, der sie zum Bahnhof fährt, nicht kennt. Da wartet sie auf ihren Sohn, der nicht mehr lebt. Sie vergisst irgendwann, dass er nicht gekommen ist, und geht langsam, die Hecken am Wegrand verzückt musternd, wieder nach Hause.

Judith Keller

Erwachen

Heute Nacht bleibt der Himmel blind.
Doch in meinem Innern leuchten tausend Sterne
und der Mond dazu.
Ich habe ihn gespürt, den ersten Hauch des Frühlings.

Wolken haben die Sterne gelöscht. Vergebens.
Das Licht ist in mir, bahnt sich seinen Weg nach draußen,
lässt erstrahlen, was um mich ist, kitzelt meine Beine,
bis ich tanze,
bringt mich zum Singen, so laut,
dass es die Welt aus dem Schlaf reißt.

Nadine Baum

Ein Kolibri

Zitternd saß ich im Unterricht. Es war wieder einmal eine spannende Deutschstunde, es gab eine große Diskussion. Ich wollte meine Hand heben, den Klassenkameraden widersprechen. Doch jede Sekunde hatte ich neue Ideen, ich konnte mich gar nicht entscheiden, was ich sagen wollte. Ich hätte der ganzen Klasse, ja der ganzen Welt am liebsten mein Weltbild erklärt, aber ich sollte doch auf die vorhergehende Frage antworten. Jemand anders sagte etwas, ein neuer Ansatz, ein neues Thema. Soviel hatte ich zu sagen, doch nichts sagte ich. Ich saß stumm da, innerlich zitterte ich, als ob etwas aus mir herausbrechen wollte. Die Ideen drängten, mein Kopf drohte zu explodieren. Und tatsächlich geschah etwas Außergewöhnliches: Alles wurde schwarz, ich fühlte meinen Stuhl nicht mehr und hatte das Gefühl, erheblich zu schrumpfen. Flügel wuchsen mir, meine Nase verwandelte sich zu einem Schnabel. Langsam öffneten sich mir die Augen, es waren aber nicht meine.

Ich hatte einen größeren Blickwinkel, sah alles farbiger. Ich saß auf einer braunen Ebene, die sich in alle Richtungen erstreckte, oberhalb von mir befand sich eine zweite. Erst jetzt realisierte ich, dass ich auf meinem Stuhl saß und nach oben auf meine Schulbank blickte.

Ohne dass ich es wollte flog ich los, flatterte unendlich schnell mit meinen Flügeln. Es war als ob mich etwas Fremdes steuerte, das mir gleichzeitig so nah war. Ich war jetzt in der Mitte des Klassenzimmers, während alle Blicke auf mich gerichtet waren. Nicht weniger schnell als meine Flügel flatterten, floss meine Stimme: Ich erzählte meiner Klasse alles, was ich zu sagen hatte.

Der Druck, der vorhin noch seinen Höhepunkt erreicht hatte, wich mit der Aussprache aller meiner Ideen. Als ich fertig war, ergriff mich, obwohl ich das Gefühl hatte, die Klasse habe keines meiner hochfrequenten Worte verstanden, ein sehr erlösendes Gefühl.

Nun, da ich fertig war, konnte ich mich in Ruhe wieder zurück auf meinen Platz setzen.

Kai Holthuizen

Goldvogel

Kristallklares Wasser fließt durch den Bach,
es plätschert alle Vögel wach.
Goldvogel mit dem goldnen Gefieder
singt schon wieder schöne Lieder.
Legt seine silbernen Eier
in das Nest – da kommt der Geier!
Wirft die Eier aus dem Neste,
unten sind die Überreste.
Goldvogel weint diamantene Tränen,
von den Küken will er nichts erwähnen.

Ein Jahr verging, viele Tränen flossen
und die kleinen Blumen schossen
aus dem Boden.

Und die Blüten sind silbern wie Goldvogels Eier.

Hannah Zoe Schütt

Kaspars kostbarster Schatz

«Großvater, erzählst du mir noch einmal von *dieser* Nacht», drängte ich. Keine seiner Geschichten hatte mich je mehr fasziniert als diese.

«Du meinst die Geschichte über das Schönste was ich jemals sah?», fragte er nach – obwohl er genau wusste, dass ich diese Geschichte meinte.

«Also», begann er, «es fing alles an, als ich diesen Stern am Himmel sah. Er war so ganz anders als alle Sterne, die ich je zuvor erblickt hatte. Ich wusste er würde etwas sehr Großes verkünden. Also folgte ich ihm, als er seinen Weg am Himmelszelt fortsetzte. Unterwegs traf ich noch zwei weitere Astrologen und wir setzten unseren Weg gemeinsam fort. Es war eine lange und beschwerliche Reise. Von einem König, der sich Herodes nannte, wurden wir in die Irre geführt, so dass wir fast die wahre Bedeutung des Sterns missverstanden hätten, doch letzten Endes kamen wir doch an.»

«Bei dem Stall», warf ich ein. «Genau, bei dem Stall. Wir traten ein und waren einen Moment geblendet von dem strahlend hellen Licht das von diesem kleinen Kind ausging. Da lag er, in Windeln gewickelt in einer Futterkrippe für Tiere, und strahlte uns an, mit einem magisch funkelnden Licht in den Augen. Mir wurde von seiner wundersamen Schönheit das Herz ganz leicht. Am liebsten hätte ich angefangen ein Lobpreislied zu singen. Ich wusste es sofort: Da hatte ein ganz besonderer kleiner Mensch das Licht der Welt erblickt.»

«Ich wäre gerne dabei gewesen», schwärmte ich. «Was ist eigentlich aus ihm geworden, aus Jesus meine ich?»

Doch da unterbrach uns Großmutters Stimme: «Kaspar, kommt ihr bitte zum Essen?!»

«Diese Geschichte erzähle ich dir ein anderes Mal», versprach Großvater.

Lara Löw

Fern von hier

Wie schon oft bin ich am Träumen,
liege im feuchten Gras und sehne mich nach Flügeln,
um mit den Vögeln zu den Wolken zu fliegen,
in ein Land, wo ich dich und mich suchen und finden werde.

Und abends, wenn es dunkel wird,
erwachen alle meine Erinnerungen an dich,
strömen leise herbei, diese Liebesgeister,
und hauchen mir deine Träume ein.

Meret Gut

Knopfmond

Ich erkläre dir den Mond
als weißen Knopf
auf einem schwarzen Samtjackett.

Du überraschst mich immer wieder,
stehst du da mit Nadel und Faden
und nähst mir den
Mond auf meine Nacht.

Christian Reiferth

Atemsucht

Modelliere, oh bitte, die Luft um uns weiter,
zeige weiter deine Lippenkunst,
Honiggedanken in Berührung zu verwandeln,
leise an meinen Kopf gehaucht,
lebendige Floskeln, unbekannt und unverbraucht,
die mit deinem Atemduft bei mir anbandeln,
abgetropft von deiner Zunge, roter Dunst,
du Gewitter, im altbekannten Wortgrau so heiter.

Prometheus, lange Zeit gefangen, verbrannte,
in Flammen gekleidet, von seiner eigenen Halbgöttergabe;
ich rieche das Leben, in dein Haar gedampft,
der Regen prasselt, so gottverflucht,
draußen das Schwarz, das nach uns sucht,
greift nach uns, die Krallen verkrampft;
ich drehe mich, du bist die Nabe,
du Rosenschatten, Kluft, du zu lange Verkannte.

Übelkeit, ein Ziehen im Magen
und Schlaflosigkeit: Symptome der Atemsucht;
du Schrein, aus Fleisch und Funken gebaut,
unvorhergesehen, im Sonnenlicht angetroffen,
ich muss deiner herannahenden Stimme entgegenschaffen,
das Gehör kratzig gespitzt, die Synapsen aufgeraut;
in deinen Armen liegt die letzte, rettende Empfindungsbucht,
der Hort der Erinnerungen an kommende Tage.

Mario Haberl

Am Waldesrand

Zart erklang
am Waldesrand
einst ein leises
Liedchen

Es sang von Liebe
dann und wann
von Treue und
von Güte

Die Stille schwebte
mit im Takt
so rührend sang
das Stimmchen

Bis die Nacht
die ganz entrückt
es nahm
und mit sich führte

Vivanne Dubach

Augenlied

Dein Wimpernschlag
schwebt mich zu Boden

komponiertes Augenlid
glasiger Körper, lichtzerbrechend
irisschwebend
durch und durch

ein jedes Pigment
scheint Schönheit zu tanzen
dort sitzt ein Leuchten
und schreibt ein Lied

und mittendrin ich
besinge
entgleite
entsinke
um deinen Blick

auswendig zu lernen.

Christina Meißner-Leßmann

Hinter deinem Rücken

Hinter deinem Rücken
wird nicht nur über dich
gesprochen,
auch geweint,
gelacht,
an dich gedacht,
deine Unvergleichbarkeit
gemessen
an der unerschöpflichen Quelle
deiner Wärme,
deiner Herzlichkeit,
welche
– dir unbewusst –
deinen Rücken zu einem
Schutzschild für andere
macht.

Joel Kobi

Profil

Wege gibt es viele,
gehen kann man nur einen:
den eigenen.
Ob er schwer ist,
ob er leicht ist,
das spielt keine Rolle.
Geht man Umwege,
so ist das gleich.
Doch dass man seinen Weg geht,
sein Leben auf seine Art lebt,
eigene Entscheidungen trifft
und am Ende seines Weges erkennt,
dass man eine Spur hinterlassen hat,
etwas das bleibt, über Jahre, über Jahrzehnte,
etwas, das einmalig ist,
weil es der eigene Weg war,
und sein Profil, das man hinterlassen hat –
das ist entscheidend.

Sarah Kallert

Der Spiegelsee

Ein kleiner See liegt still am Fuße eines hohen Berges. Seine Oberfläche ist so glatt, dass sich der Berg und alles rund herum darin spiegeln. Stolz betrachtet sich der hoch gewachsene Fels im Spiegelsee und vergewissert sich dabei, dass auch stets genügend Wasser ins Becken fließt. Über scharfe Kanten und spitze Ecken winden sich Bäche geschmeidig ihrem Ziel entgegen. Unaufhörlich schickt der Berg sein reinstes Quellwasser ins Tal. Der schroffe Alpstein erschiene weniger imposant, wenn er nicht an einer so sanften Fläche gelegen wäre. Monumental ragt der mächtige Berg hinter dem kleinen See empor. Das Zusammenspiel der ungleichen Freunde harmoniert als bestechend schöner Gegensatz.

In der Tiefe des Gewässers liegt die Kraft des Spiegels, dessen Bild die Herrlichkeiten der Idylle wie ein Mosaik zu einem Kunstwerk vereint. In leiser Dankbarkeit nimmt der kleine See dann auch jeden Tag das köstliche Quellwasser entgegen. Wohlgenährt schmiegt er sich an Fels und Weideland, eingebettet in unberührte Natur. Das Sonnenlicht lässt das Wasser silbern glänzen. Im sanften Wellengang schimmert der See in tausend Farben. Liebevoll reflektiert er all das Schöne, was sein Auge einfangen mag. Tag für Tag.

Nur ganz wenige Menschen finden den Weg über Stock und Stein zum hoch gelegenen See. Wer aber die Anstrengung auf sich nimmt, wird reich belohnt. Die Welt liegt reglos da. Es scheint, als bliebe die Zeit für einmal stehen. Schnell ist vergessen, was kurz zuvor noch Sorge war. Sogar der Wind flüstert zarte Worte von Friede und Trost.

Etwas unscheinbar führt an einer Böschung ein Wanderweg schmal durchs grüne Tal, der sich alsbald bei Fels und Stein mäandrierend in der Ferne verliert. Im Schatten einer Tanne unweit des Wassers haben es sich Vater und Mutter auf einem roten Bänklein gemütlich gemacht – ein geeigneter Ort für eine verdiente Pause direkt am Wegesrand. Dem Rastplatz ganz nah entwischt plötzlich ein seltsames

Rascheln dem Gehölz. Es ist ein Junge, verblüfft über das silberne Wasser und das sagenhafte Funkelspiel, der durchs hohe Gras mit großem Schritte zielstrebig dem See entgegen stapft. Wie vor einem Gemälde bleibt er am Rande des Teiches stehen. Erst im zweiten Moment erkennt er sein eigenes Antlitz im üppig gekleideten Spiegelbild. Große Augen streifen bewundernd über die glänzende Ebene. Der mächtige Berg, die hohen Tannen, der blaue Himmel – der Entdecker zeigt sich erstaunt über die geheime Welt. Der Junge freut sich über diesen Fund und schenkt dem kleinen See und sich selbst ein breites Lächeln.

Ein halbes Dutzend Bergdohlen fliehen erschrocken aus einer Baumkrone, als die Mutter nach dem Kinde ruft. Etwas zögernd, wie aus einem Traum gerissen, antwortet der Junge mit feiner Stimme: «Ich bin gleich bei euch!» Noch einmal dreht er sich um, kniet nieder und greift sich einen faustgroßen flachen Stein. Der Junge holt aus und schleudert mit aller Kraft den kleinen Schiefer übers glatte Wasser. Dreimal hüpft der Stein in die Höhe, bis er dann endgültig in die Tiefen des Bergsees entgleitet. Zufrieden über den gelungenen Wurf folgt das Kind seinen Eltern, welche bereits alles zusammengepackt haben und soeben losgezogen sind.

Der kleine Stein, geworfen von Kinderhand, ist schnell am Grunde des Sees angekommen. Noch lange aber bewegen sich kreisförmig feine Wellen in des Ufers Richtung. Der mächtige Berg, die hohen Tannen, der blaue Himmel – sie alle geraten kurz ins Wanken. Das prachtvolle Gemälde ist einem verworrenen Bild gewichen. Etwas gespenstisch schlängeln sich knorrige Tannen um den plötzlich in Bewegung geratenen Berg. Eine ganze Weile dauert es, bis sich die Wogen im See wieder glätten und die alte Ruhe ins Tal zurückkehrt.

Raffael Rihs

Die Woche des Pessimisten vs. Die Woche der Verliebten

Die Woche des Pessimisten

Maultag
Düstertag
Miestag
Doofertag
Friertag
Sautag
Schonwiedertag

Die Woche der Verliebten

Mundtag
Deintag
Mitdirwach
Doppelbetttag
Freutag
Sextag
Schmustag

Catherine Weber

Die Raben

Grad sah ich einige Raben,
fast schon vom Zwielicht verschluckt,
im brechenden Himmel sich baden,
erst, und dann niedergeduckt
im gleichfarbnem dichten Geäste
sich niederlassen zur Nacht.
Ihr flackerndes Auge bewachte
verlorene Schätze: die Reste
zerbrochener Scheiben,
die, längst vergessen von uns,
Kostbarkeiten doch bleiben
in anderem Auge.

Gläsern, die Perle. Tropfend im Staube
rollte sie tanzend hinab,
und ihre Brüder im Kampfe
folgten als nasse Armee
stürzend ihr nach in die reißende See
einer Pfütze. Die Raben, ganz glatt
nun gewaschen, standen an Glanze
dem flüchtigen Spiegel nicht nach.

Fast schon schlief ich,
doch Gott sei Dank rief mich
ihr heiseres Krächzen noch wach.

Annabell Jung

Solche Momente

Für solche Momente lohnt es sich zu leben
Für einen Moment des reinen Glücks
In dem du alles vergisst, was dich bedrückt
Und einfach lebst!

Für solche Momente lohnt es sich zu kämpfen
Für einen Moment voller Energie
In dem alles egal ist
Nur das Hier und Jetzt zählt.

Für solche Momente lohnt es sich zu hoffen
Für einen Moment voller Leidenschaft
Ein «Ja» zur Schönheit des Lebens
Ein «Nein» zur Traurigkeit.

Für solche Momente lohnt es sich stark zu sein
Für einen Moment voller Erfüllung
Der dich aufbaut
Wann immer du dich daran erinnerst.

In solchen Momenten könnte man sterben
Und sagen:
Das war er – der eine Moment
Für den es sich gelohnt hat zu leben!

Kathrin Maier

Glücksgefühl

Einen Luftballon gekauft
und losgelassen
zugesehen wie er flog
von einem Windhauch getragen
der Sonne entgegen
flüchtig gehofft
dieser rote Punkt zu sein
wachgerüttelt vom Straßenlärm
meinen Weg fortgesetzt
nicht ohne ein wenig Freiheit
zwischen meinen Fingern
zu spüren.

Dieser Text wurde mit dem 2. Preis des Lyrik-Wettbewerbs ausgezeichnet.

Fiona Feuz

Nobody Girl

«You're nobody, girl, You're nobody, girl …»

Die Stimme, die aus ihrem iPod sang, bedeutete ihr alles. Und während sie sich in ihr verlor, fragte sie sich, ob der Song einzig und allein für sie geschrieben worden war, oder ob Ryan, ihr bester Freund, der nicht einmal wusste, dass sie existierte, an ein Mädchen wie sie dachte, wenn er ihn sang.

«Würdest du bitte die Schnittpunkte der Tangenten mit dieser Parabelfunktion ausrechnen?», hatte die Lehrerin heute morgen gefragt, und als sich ihre Blicke gekreuzt hatten, da war sie sich sicher, niemand zu sein.

«Es regnet draußen», sagte sie. «Bei Regen kann ich nicht denken.» Der Raum war grau und stumm, doch die Zahlen wurden zu Tönen, die mit Papierflügeln versehen in die Luft stiegen und eine Melodie bildeten, die sie voller Elan an die Tafel sang, bis die Lehrerin mit ihren bösartigen Scherenhänden die Flügel stutzte und sie sterbend am Boden lagen.

«Nein», sagte sie, und fügte ein überflüssiges «Setz dich wieder hin, das ist nicht richtig» hinzu.

Nein, Sie sind nicht richtig, Frau Lehrerin, Sie sind eine alte verbitterte Schrulle, die eine Schachtel Pralinen seit 20 Jahren unter ihrem Bett versteckt, dachte sie, sagte jedoch nichts. Und wie sie sich wieder so hingesetzt hatte, fielen ihr die Worte praktisch aus den Haaren.

«Please, concentrate on English now.»

Jaja, ist ja gut, ich konzentriere mich ja schon. – Bin ich jetzt ein Konzentrat? Die Zeit verging nur zähflüssig. Sie fühlte sich so wie in einem dieser Träume, in dem man rennt und rennt, aber nicht vorwärts kommt.

Tag für Tag verkroch sie sich in sich selbst. Je länger sie dort blieb, umso weniger vermochte sie noch das zu finden, was sie gesucht hatte. Sie war leer.

Sie war allein, dort drinnen, in ihrem Herzen. Der einzige Ort, an dem sie sich zuhause fühlte, war verwaist und einsam.

Sie sah das Blatt mit den Zeilen, als sie sich in die Cafeteria gesetzt hatte. Sie las die Zeilen. Immer und immer wieder. Er habe es für sie geschrieben, meinte er leise und schüchtern lächelnd, während er die Hände in den Taschen seiner zu großen Jacke vergrub. Seine Worte waren Honig auf ihre Halsschmerzen.

«Wirklich?», sagte sie nur, mehr wusste sie nicht zu sagen. Sie war nicht cool, sie fand keine Worte, wenn sie welche brauchte, jedenfalls nicht in der wirklichen Welt. Sie hätte ihm sagen können, dass seine Augen die Farbe der Kornblumen hatten, an denen sie jeden Morgen vorbeikam, oder dass die Wände der Schule in Wirklichkeit aus manifestierten Alpträumen waren, oder dass sie eben gerade noch eine Schreibblockade gehabt hatte, jedoch nun die Worte nur so durch sie hindurchzufließen schienen und sie nur noch die besten von dem Fließband nehmen musste.

Während sie so dastand und sich so unglaublich dumm vorkam, hörte sie seine Worte, die von der anderen Seite des Flusses kamen, und sie begriff, dass er noch mit ihr sprach.

«Wir könnten ja mal zusammen ins Kino gehen», sagte er, verhaspelte sich aber dabei und stotterte und wusste nicht weiter. Sie half ihm aus seiner Misere, indem sie «Ja» sagte.

Dann standen sie dort, irgendwo klingelte die Schulglocke, und sie wussten sich nichts zu sagen, weil es zu viel zu sagen gab um sich zu entscheiden. Und als sie ihn dann ansah, da wusste sie, dass es keine Rolle spielte. Weil er nämlich ihren Herzschlag hören konnte. Und sie den seinen.

«Bin ich jemand?», fragte sie.

«Ja», sagte er, und kannte den Song. «Du bist mein Mädchen.»

Lisa Jaekel

Landschaft, weithin

Die Bäume wachsen unbesehen
und belauben sich im Herbst
eine Entzündung der Farben
auf ein vertrauliches Zeichen hin
und der Wind treibt die Funken
wie Federn über die Felder

Kein Vogelgesang verlässt jemals
die Zwischenräume
die Urania ihm komponiert
und mit dem Schnee im Winter
wird auch das Treiben am See
mittelpunktsstill

Ich sehe keine Wanderer
mit Alpenhut wo keine sind
ich lese erfrorene junge Dichter
im Tannenwald auf
und hauche ihnen Leben ein

Weit ist die Landschaft und innig
Kreisendes ist ein Gesetz und
tagfest ist jeder Frühling

Ich weiß um meinen Sommer
die Zeit für eine Marmeladenszene
mit einem jungen Mädchen
im Kirschbaum:
blanke Füße an einen Ast geschmiegt
und die Zehen spielen mit den Früchten

Monika Koncz

Zauber

Komm mit
Ich will dich in mir haben
Einen Teil von dir
mit mir umfangen

Ich werde dein Bruder sein
und deine Schwester
und deine Zauberin

Ich werde
flammen und
brennen und
Feuer speien

Ich werde
kühlen und
besänftigen und
Schmerzen lindern

Komm mit
Ich werde dir zeigen
wie ich Wunder
voll bringe
Ich werde
beschützen und
beschwichtigen und
kämpfen und
kämpfen lassen

Du sagst
Ich rede viel
wenn der Tag lang ist

Aber
Der Tag ist lang
wenn ich viel rede

Mone Jendreyko

Papierstreifzüge

Ich weiß, du hast Angst,
spricht ein Gedicht mich
dringend an – und streift
meine Hand mit einer
Buchseite, so zärtlich
und liebevoll
wie tiefstes Verständnis.

Halt einmal inne, sagt es,
viel sanfter noch als jene
rote Ampel am anderen
Straßenende, will es doch
ebenfalls sicher wiegend
mich geleiten – zur anderen
Seite des Lebens.

Florian Scharf

Fernwärme

In der Kammer eine viel zu kurze Decke
für den stummen Ofen auf dem Emaillefeld
der Blick immer auf die Küche hinaus
unten schweigt die Wohnung eines Dichters
seit Jahren schon tot und es fehlen nun die Sätze
die mein Vermissen, deinen nackten Rücken
dein Haar in diesen weißen Gefilden bekunden
wenn nachts die Beleuchtung über die Straßen gespannt
dem lieblosen Schneien etwas entgegengesetzt wird.

Sascha Kokot

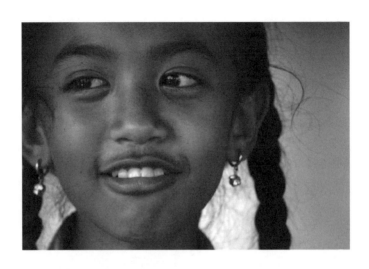

Kindisch schön

Kinder sind wie Glasperlen,
die unsere Welt so farbenprächtig machen.
Sie erleben jeden Tag Neues und Spannendes.
Sie genießen das Heute und überlegen nicht,
was morgen sein wird.

Wenn sie einen Baum in einer komischen Form sehen,
dann denken sie: «Ist das ein Monster?»
«Nein, sieht eher aus wie ein Gespenst.»
Erwachsene achten gar nicht mehr auf so etwas.

Sie sollten mit Kindern wandern gehen,
damit sie Neues entdecken und etwas lernen können.
Aber man sollte auch Pausen machen,
damit sich die Kinder nicht überfordert fühlen.

Kinder können ohne Spielsachen miteinander spielen
und kennen keine sprachlichen Grenzen.
Sie unterscheiden nicht aufgrund der Hautfarbe.

Kinder sollten Vorbild für die Erwachsenen sein,
denn sie führen keine Kriege.
Wenn sie mal Streit miteinander haben,
machen sie schnell wieder Frieden.

Ich bin nun 11 Jahre alt, und obwohl ich noch nicht alt bin,
vermisse ich die Zeit, wo ich noch so richtig kindisch war.

Pascale Emmisberger

An meine Schwester

Thalia, diese Zeilen sind für dich gedacht
und auch nur für dich gemacht.
Ich habe sie geschrieben,
um zu zeigen, dass wir dich lieben.

Bald machst du uns schon ein Jahr glücklich,
und ich sage wirklich:
Du bist einer unserer größten Schätze,
und wenn dir einer was antun will,
dann, dann wird's was setzen!

Thalia, ich bin so froh, dass du da bist.
Ich habe dich vom ersten Moment an geliebt und geküsst,
genau wie bei meinen beiden anderen Schwestern.
Ich erinnere mich daran, als wäre es gestern.

Bald bist du schon ein Jahr auf dieser Welt.
Und ich bau dir ein Zelt,
ein Zelt aus Liebe, Wärme und Geborgenheit,
in dem keiner Hiebe austeilt.
Ich wünsche dir ein Leben in Sicherheit,
dazu ein ewiger Begleiter, die Gesundheit.

Du und die ganze Familie, ihr seid mein Herz und meine Seele.
Jedes Mal, wenn ich weggehe, frag ich mich, ob ich euch fehle.
Ich kann meine Liebe nicht in Worte fassen.
Darum fällt es mir schwer, mich von euch trennen zu lassen.

Alexis Haupt

Bis in alle Ewigkeit

Ich laufe auf dem Steg zum Wasser. Ganz vorne bleibe ich stehen und höre einen Moment lang den Wellen zu, während mein Blick sich in der Endlosigkeit verliert. Ich habe nie bemerkt, wie schön das Morgengrauen ist. Dieser klare Dunst, der vom Wasser aufsteigt und sich mit dem immer heller werdenden Himmel vereinigt, einen neuen Tag ankündigend. Es ist friedlich hier. Ich schlucke mehrmals. Sie ist weg. Tot. Ein stechender Schmerz breitet sich in meiner Brust aus. Sie ist wirklich weg. Ich werde sie nie wieder sehen. Es scheint mir unmöglich. Es ist so unvorstellbar, so lächerlich. Ich starre in die Ferne hinaus. Dann denke ich an unseren kleinen Sohn. Tränen kullern über meine Wangen, zuerst vereinzelt, dann immer zahlreicher. Ein Windstoß umhüllt mich zart und beständig. Das Wasser klatscht gegen den Steg. Ich weiß nicht, wie lange ich schon hier stehe. Alles, was ich rieche, ist das Wasser und die Natur, die langsam erwacht. Den Geruch von den Bäumen und dem Gras hinter mir, das Wasser vor mir. Der Wind rauscht in meinen Ohren. Dieses Rauschen vermischt sich mit dem Tosen der Wellen. Vor meinen Augen färbt sich das Wasser orange. Die Sonne geht auf. Ein neuer Tag beginnt. Ein neuer Tag, vielleicht ohne meine Frau, aber mit dem Versprechen, dass es immer so bleiben wird: Der Nacht folgt das Tageslicht, dem Tod das Leben, der Finsternis das Lichtermeer. Und das in alle Ewigkeit, dem Schönen zuliebe.

Ariane Rippstein

Das Meer

Staunend schaute das Mädchen in das aufgewühlte Meer zu ihren Füßen. Tosend brachen die Wellen an der steilen Felswand. Gischt spritzte ihr ins Gesicht. Lachend leckte sie sich die Tropfen von den Lippen. Auch auf ihrem Haar klebten salzige Perlen, die nun das Licht der untergehenden Sonne reflektierten, als ob sie einen Kranz aus Sonnenstrahlen trüge. Sie war ein Sonnenmädchen. Das Licht glitzerte golden auf dem Wasser. Mit jeder Welle wurde es gebrochen, von tiefem, dunklem Blau abgelöst, nur um bei der nächsten Woge wieder mit seiner Helligkeit zu blenden.

Der Wind kräuselte sanft das Wasser in der Ferne und ließ es in Ufernähe lebhaft schäumen und rauschen. Er trug kühle, frische Luft ans Land. Das Mädchen atmete den salzigen, leicht fischigen Geruch tief ein und stellte sich dabei vor, wie verwegene Seemänner und gefährliche Piraten denselben Duft auf ihren Schiffen einsogen, während sie gegen monströse Tiefseekraken und mächtige Wale kämpften.

Der Schrei einer großen Möwe riss das Kind aus seinen Tagträumen und holte es wieder in die Wirklichkeit zurück. Der Vogel hob sich als schwarze Silhouette vor dem orangefarbenen Feuer am Horizont ab. Wieder und wieder ließ er seine Rufe über den Ozean hallen, während er hinaus in die Ferne flog. Das Mädchen folgte ihm mit seinen Blicken, bis er irgendwann ihrem Blickfeld entschwunden war. Sie war wieder allein mit dem Meer. Als sie ihren Blick in die Ferne schweifen ließ, war sie überwältigt von diesem Anblick reinster Schönheit.

Obwohl sie noch klein war und nicht viel gesehen hatte von der Welt, wusste sie, dass es wohl nichts von solch ungetrübter, purer Erhabenheit gab wie den Ozean. Als ihr bewusst wurde, dass es ihr vergönnt war, an einem solch magischen Ort aufzuwachsen, stockte ihr einen Augenblick lang der Atem. Sie war wie verzaubert, es überkam sie ein Gefühl absoluten Glückes, und als sie ihren Vater rufen hörte, lief sie hell lachend den schmalen Pfad zum Leuchtturm hinunter. Der

Wind riss ungestüm an ihrem Haar. Sie flog in die Umarmung ihres Vaters, der sie fest an seine Brust drückte und dann mit seinen starken Armen in die Luft wirbelte. Sie schrie entzückt auf. Hand in Hand gingen sie im warmen Licht der am Horizont versinkenden Sonne dem Leuchtturm entgegen.

Arlène Feusi

Augenblicke

Eine Libelle, deren Leib und Flügel im Licht der Sonne schillern
Sterne, die am nachtblauschwarzen Himmel schimmern
Eine Schnuppe, die über's Samtdunkel streift und dann erlischt

Eine Raupe, die in überstürzter Eile ihres Weges zieht
Geäst, welches sich unter Ächzen im Winde wiegt
Silbergrüne Wogen, ein Meer von Ähren rauscht und rieselt

Tautropfen von vollendeter Form auf Gras,
In welchen das erste Licht gehalten
Sonnenstrahlen, die als himmlische Zärtlichkeiten den Nebel spalten
Hörbare Stille sonntags in der Stadt

Tiefgründende Ruhe an des Berges Hängen
Eingehüllt in naturgeschaff'nen Klängen
Und die Farben des Sommers ringsumher

Berauscht von der Blüte betörendem Duft
Ein Schmetterling flattert im Tanz durch die Luft
Raubvogel über Acker und Feld, der stürzt, aufsteigt
Und in der Schwebe innehält

Im Winde singt das Erlenlaub und tanzt zugleich
Das Himmelsbild im warmen Abendlicht an Wandlung reich
Der helle Mond, der durch die Wolken bricht

Kleinigkeiten, so scheint's
Zu kurz, um mehr als einen Blick zu erhaschen
So schnell vorüber, als wären sie nie geschehn
Und doch steh ich da, losgelöst von des Lebens stetem Gang

Ich staune, halte inne, nehme in mich auf
Alle Farben, jeden Klang
Augenblicke sind es nur, doch machen
Sie erst unser Leben lebenswert.

Judith Ramseyer

Sonntagsgarten

Im zähflüssigen Zeitregen
vom Ende zum Anfang
laufend,
Orientierungsnebel
im Sonntagsgarten

In den dunklen Lichtern
Menschenstille

Ich
ein gestopptes Regenrad
Du
ein Turmweiser
nimmst mich an
deine Hand

Verirrte Pfade
gerade biegst du sie
für mich

Schau!
Da vorne ist
der Anfang
– pack ihn.

Ramona Studer

Von der schönen Müllerin

es liegt vom liede ausgespannt,
was stein und holz
aus hundert jahr.

in kerben, rädern, an den balken
legte sich die zeit zum glanze,
wiedergang in einem tanze,
der aus erden überstieg
und in den räumen staubig wankte,
korn zur seide sich versah.

dort nun zwischen groben steinen
die zu ihrer seite liegen
streicht sie mit den weißen fingern,
weiß im mehl ein korn umher.

über ihr, im alten beben
schläft das tragwerk dieses hauses.
blondes haar in kühlen lichtern
die von einem tage zeugen,
nimmt sie auf mit weißen fingern,
schmeckt im korn was zucker war.

Christian Niklas

Die weiße Stunde der Rückseligkeit

Als Felix von Rabelang, ein schmächtiger Student von zwanzig oder
einundzwanzig Jahren mit tiefschwarzem Haar, das ihm schon von
jeher über die dünnhäutigen, im Gegenlicht durchscheinenden Oh-
ren gefallen war – ein Merkmal übrigens, das dafür sorgte, dass die
Leute, wenn sie ihm zum ersten Mal begegneten und er sich ihnen
mit einer scheuen Verbeugung vorstellte, diesen Namen: Ra-be-lang,
unwillkürlich mit der Farbe und Beschaffenheit seines ihnen so entge-
gengebrachten Haupthaares verbanden, und so konnten sie noch nach
Monaten oder gar Jahren ganz plötzlich auf einer belebten Straße im
Vorübergehen, oder auch von Nahem, etwa an der Theke eines Hand-
schuhgeschäftes, von der er gerade in Begriff war, das Wechselgeld
aufzuklauben, oder aber beim Hinuntergehen in dem lichten, hallen-
den Stiegenhaus eines gemeinsamen Freundes, Felix von Rabelang
wiedererkennen und blitzschnell, gleichsam ohne eigenes Zutun, sich
seines Namens entsinnen, was wiederum dazu führte, dass jeder, der
ihn kannte, auch ohne selbst so recht zu begreifen weshalb, diesem an
sich unansehnlichen Menschen zugetan und wohlgesonnen war – ja,
wie er erwacht an diesem Morgen des ersten Jänners 1911, einem
Sonntag immerhin, dessen Himmel vollkommen aufgerissen, weiß
und hohl war, als hätte man die ihn bestimmende Substanz schlicht
und einfach vergessen im alten Jahr, dem ausgedienten, morschen, als
er erwachte aus seinem tiefem, aber gänzlich traumlosem Schlaf, der
ausnehmend wenig Erholung, stattdessen jedoch laue, zähe Schwe-
re geboten hatte, denn die Nacht zuvor, Silvester Neunzehn-Zehn, da
hatte man gefeiert, getrunken und getanzt und nicht zuletzt (oh, doch
zuletzt!) ein ziemlich fremdes Mädchen geküsst – jetzt aber, wie er da
halb im Schlaf und halb im Dämmer dieses späten Sonntagmorgens
zu sich kommt, da fällt ihm die kindliche, ja nahezu vorweihnachtlich
anmutende Erwartung ein, mit der er diesem Tag und der Vielzahl von
Einsen auf dem obersten Abreißkalenderblatt entgegengeblickt hatte:

Eins und eins und neunzehn und elf, ein spitzer Strauß von Blumenstängeln, der mit jeder der noch verbleibenden Stunden wie weich und welk in sich zusammenfallen wird, haltlos und fällig, wie das ganze letzte Jahr, und wie das nächste, das Jahrzehnt und das Jahrhundert. Doch darüber konnte Felix von Rabelang in dieser weißen, wie zerwühlten und geteilten Stunde gar nicht traurig werden.

Darüber konnte er nur die Augen schließen, die Decke über seinen schwarzen Rabenschopf ziehen und noch einmal zurücksinken in Schlaf und Traum, Entwartung und Rückseligkeit.

Cornelia Fiedler

Mein Weg zur Mitte

Mut
ein Wagnis
ich schreite voran
mein Weg zur Mitte
herausfordernd

Vertrauen
ein Abenteuer
mit unerwarteten Wendungen
mein Weg zur Mitte
überraschend

Lebendigkeit
ein Experiment
mit allen Sinnen
mein Weg zur Mitte
erfühlend

Gelassenheit
eine Atempause
in mir ruhend
mein Weg zur Mitte
sanft

Zuversicht
eine Vision
ungeahnte Energien freisetzend
mein Weg zur Mitte
dynamisch

Ausdauer
ein Rätsel
beharrlich und hartnäckig
mein Weg zur Mitte
suchend

Lernfähigkeit
ein Prozess
offen für Neues
mein Weg zur Mitte
wachsend

Nicole Duss

Sommer

Ich sitze im Garten.
Ich sehe den Sommer.
Bunte Schmetterlinge auf zartem Lavendel,
blauer Himmel über goldgelben Korn
und
funkelnde Sonnenstrahlen auf dem See.

Ich sitze am Strand.
Ich höre den Sommer.
Wellen rauschen am weißen Strand,
Möwen kreischen über dem Meer
und
Wind streicht sanft durch die Dünen.

Ich sitze im Wald.
Ich rieche den Sommer.
Feuchte Erde nach lauem Regen,
wohlriechendes Harz auf sonnenwarmem Holz
und
überall der Duft von Heckenrosen.

Ich sitze im Park.
Ich schmecke den Sommer.
Erdbeer-Eis auf meiner Zunge,
Wassermelone erfreut meinen Mund
und
prickelnde Schorle löscht meinen Durst.

Ich sitze hier.
Ich fühle den Sommer.
Warme Sonnenstrahlen auf meiner Haut,
lauer Wind in meinem Haar
und
über allem schwebt das Gefühl von Glück.

Ich liebe den Sommer!

Lena Carina Streufert

Wenn zwei Blicke sich begegnen

Wenn zwei Blicke sich begegnen
An einem Ort, zu einer Zeit
Wenn zwei Herzen sich vereinen
Und ihre Träger sind bereit
Wenn zwei Seelen sich umfangen
Und dauern fort in Heiterkeit –
Dann sind zwei Menschen eins geworden
Und tauchen ein in Ewigkeit.

Martina Breitholz

Melodie zur Liebe

Liebe ist eine mit unglaublich viel Wärme belebte Umarmung, ohne jegliche Forderung spürbar (nicht unbedingt physisch gemeint!).

Liebe ist das Betrachten einer bunten Frühlingswiese und vom bloßen Anblick ihrer Präsenz genährt und damit verzaubert zu sein.

Liebe ist des Meeres Rhythmus als Herzschlag der Welt zu verstehen, im Kommen und Gehen und immer wieder Form verändernd die Struktur des Sandes zeichnend, dadurch im steten Bestreben das Netz der gewohnten Form zu verwandeln.

Liebe ist die Beständigkeit eines Buchenherbstblattes über die Lebendigkeit eines Wasserstrahls eines Steinbrunnens tanzen zu sehen, wie eine kindheitserinnernde Rutschbahnfahrt.

Liebe ist mit herausgestreckter Zunge die wohltuende Frische der ersten Schneeflocken zu kosten, welche wie 1000 Sterne sanft und beinahe geräuschlos den Erdenboden küssen.

Liebe ist durch das Spiel Zeit und Raum zu vergessen durch das alleinige Sein im oder auch mit dem Moment des Jetzt.

Klänge der Sehnsucht und der bahnbrechenden Unendlichkeit kehren immer wieder heim. In einem jeden Menschen wohnend und Instrumente erprobend tanzen sie im Kreis zum Rhythmus ihrer eigenen Melodie.

Liebe ist der Sehnsucht Raum zu verleihen und daher die Blüten des Lebens spürbar in allen Düften der Vielfalt zu erschnuppern.

Andrea Dittli

Der Schmetterling

Siehst du den Falter sitzen
dort auf der Blüte Kron,
im Sonnenlichte blitzen,
ein Fürst auf seinem Thron?

Zwei Hälften sind verbunden
in dem lebendig Ding,
in aller Zeiten Stunden,
so endlos wie ein Ring.

Kannst du es mir erklären,
wo Ende, wo Beginn
der beiden Flügel wären
in dem geeinten Sinn?

Der einen Hälfte Spiegel
sich in der andern find',
dazwischen ist ein Siegel,
das sie zusammen bind'.

Das zierlich Tierchen faltet
zusammen sie geschwind,
auf dass es ewig haltet,
getragen nur vom Wind.

So sind dann auch wir beide
des andern Spiegelbild,
im Glück sowie im Leide,
und seiner Seele Schild.

Und sind auch wir gebunden
durch ein unsichtbar Band;
fortrinnen glücklich Stunden,
mein Herz in deiner Hand.

Und trägt der Wind der Zeiten
uns an den andern Ort,
vertraut wir uns begleiten –
ein einzig liebend Wort.

Christina Werner

Krokus

Beinahe unbemerkt von mir,
wohl von der mildlauen Januarluft angelockt,
haben sie sich plötzlich nach oben gestreckt:
Emporkömmlinge in einem dunklen Reich,
lichtgierig und nach Kohlendioxid dürstend,
kopfvoran, noch ohne Kopf
und ohne Sorge um einen wiederkehrenden Frost,
der ihrem Wachsen ein jähes Ende machen könnte.

Schlank, spitz, gekleidet in sanftes Blassgrün
ragen sie aus der lockeren Erde,
zarte Profilpfeiler des Frühlings.

Alex Schindler

Ich weiß, wen ich am liebsten liebe

Die Liebe
ist wichtiger als alles.
Sonst auf der Welt gibt es, glaube ich,
nichts Schöneres.
Wenn ich an jedem Tag wieder aufwache,
dann fällt mir meine allerbeste Freundin ein.
Wenn ich dann zu ihr geh,
dann fühl ich mich bei ihr wie zuhaus.
Wenn ich dann nach Hause geh,
träum ich immer
etwas Schönes.

Maya Kayi

Manchmal sind wir wie ein Vogel im Käfig

Manchmal sind wir wie ein Vogel im Käfig.

So sehr wir uns gefangen fühlen, so sehr fürchten wir auch das Freisein, das Grenzenlossein, fürchten uns vor unseren Flügeln, denn wenn wir sie benutzen, wissen wir nicht, wohin uns der Wind trägt. Also bleiben wir lieber in unserem Käfig sitzen anstatt die Freiheit zu suchen. Die Flügel verkümmern weil wir sie nicht mehr brauchen, und eines Tages vergessen wir, dass wir sie jemals besaßen, und werden deshalb gar nicht mehr zu fliegen versuchen. Wir sind unnütz geworden.

Ich möchte jedoch Licht sein und es scheinen lassen, damit ein jeder seine Flügel sehen kann. Ich möchte anderen Menschen die Hoffnung aufzeigen, welche tief in ihrem Herzen schlummert, damit sie wie Wind sanft durch die Federn ihrer Schwingen streift. Ich möchte dass die Menschen wissen: Es gibt keinen Mut ohne Angst!

Angst ist unser größter Feind, denn die Angst lässt nicht zu, dass wir angreifen was nicht Licht ist. Es ist diese Angst, welche dich klein macht, die dich vergessen lässt, dass Engel deine Seele tragen. Es ist diese Angst, welche dich vergessen lässt, dass deine Worte Macht haben und deine Hände Kraft. Es ist diese Angst, welche dich deine Flügel vergessen lässt.

Diese Angst ist der Strick, welcher unseren Feinden erlaubt uns zu fesseln. Unser Mut ist das Schwert, welches die Fesseln durchtrennt. Die Schatten fürchten sich vor Licht, denn wo zuviel Licht hinfällt lösen sie sich auf und werden zu einem Nichts.

So werde auch du Licht!

Wenn du und ich das erkennen und in unsere Herzen schreiben, dann wird diese Welt ein Ort, wo sich das Kämpfen wieder lohnt.

Manuela Müller

Wenn ich spreche

Wenn ich spreche
Vom Wesen der Zeit
Vom Geist deiner Welt

Und du fragst

Und ich erzähle von dir
Von dir und der Wahrheit
Vom Aufstieg der Zeit

Und du hörst

Die Worte des Lebens
Die keiner kennt
Und doch
Alle ihr Eigentum nennen

Und du glaubst

Das Gesagte ist wahr
Das Gespielte gelebt
Das Gesprochne geglaubt

Und dann siehst du

Die Fassade zerreißt
Zerbricht und zersplittert
Es reißt
Weiter, weiter
Es splittert

Bis du erkennst

Dass es gibt
Was du suchst
An einem Ort
Den du erreichst
Wenn du fliegst

Ich spreche von Leben

Und du

hörst

Nastasja Penzar

Wir sind die Vorstadt

Wir sind die ewigen Touristen, irgendwo zwischen Land und Stadt, ein bisschen von beidem, aber nirgends richtig dazugehörig. Scheinbar vertauschbare Straßenecken mit kleinen zwielichtigen Läden und abweisenden Häusern mit tagsüber verriegelten Türen und roten Vorhängen. Einfamilienhäuser im Gleichschritt, monoton, mit verzweifelten Bemühungen in Form von Geranientöpfen, Gartenzwergen und fröhlichen Fußmatten mit flotten Sprüchen, das Streben nach Identität. Einige kalte Wohnblöcke erheben sich über die Bäume, versteinerte Riesen.

Wir sind die, von denen ihr sagt, nein, die möchten wir nicht sein; da möchten wir nicht wohnen. Losgelöst von der Gemeinschaft eines Dorfes und doch weit entfernt von der Anonymität der Großstadt. Traditionslos, kulturlos, geschichtslos, gesichtslos.

Was ihr nicht seht, nicht sehen könnt, ihr die die Agglomeration verurteilt, sind unsere Erinnerungen, unser Leben, die den Asphalt und Beton in den leuchtendsten Farben schmücken.

Ihr wisst nicht, dass die alte Frau im zweiten Stock eigentlich eine Hexe ist und dass man sie manchmal, nachts, wenn man nicht einschlafen kann, auf ihrem Besen davonfliegen sehen kann.

Ihr kennt das Versteck nicht in Nachbars Garten, wo eine Schatztruhe vergraben ist, und die versteckte Schatzkarte, von Kindern für die nächste Generation in Sicherheit gebracht.

Ihr kennt die Stelle nicht, unter der tiefhängenden Weide, den «Knutschfleck», wo sich Jugendliche erstmals linkisch und verlegen annähern und sich dabei so unglaublich erwachsen fühlen.

Ihr wisst nicht, dass sich die jungen Mütter jeden Donnerstagabend, während die Väter auf die Kinder aufpassen, im Café um die Ecke zum gespritzten Weißwein treffen und flüstern und kichern und sich wieder wie Teenager fühlen.

Ihr kennt den Park nicht, beim Seniorenheim, in dem es auch im Hochsommer schön kühl bleibt, wo sich immer jemand zum Reden findet, wenn man sich alt und einsam fühlt.

Wir sind die Vorstadt. Wir sind die zarten Blumen, die sich zwischen den Asphaltritzen hervorkämpfen und sich behaupten müssen gegen alle, die uns verurteilen. Wir erfüllen die Tristesse mit Farbe und Leben und machen sie so zu etwas völlig Neuem, etwas Schönem.

Wir sind die Vorstadt.

Viviane Ehrensberger

Ein Sommertag

Wenn der Himmel eine so makellose blaue Farbe hat wie sonst nur auf Gemälden und das Blau durch keine Schleierwolke getrübt wird,

Wenn kein Hauch die Luft bewegt und das Einzige, was die Stille stört, das Zwitschern eines Singvogels ist,

Wenn die Sonne lacht und ihre Strahlen stark genug sind, um deine Haut zu bräunen, aber nicht zu röten,

Wenn du jetzt schon ahnst, dass am Abend die untergehende Sonne den Himmel in einen warmen Rotton taucht,

Wenn die weißen Blüten eines Apfelbaumes seine Krone bedecken und die blühenden Rosen ihre einzigartige Schönheit präsentieren,

Wenn Schmetterlinge in schillernden Farben über Wiesen tanzen und das leise Surren der Libellenflügel an deine Ohren dringt,

Wenn die Lupinen einen zauberhaften, süßen Duft versprühen und viele summende Bienen anziehen,

Wenn die Richtung der Sonnenblumen auf dem Feld den Standort der Sonne am Himmel anzeigen,

Wenn der See zu einem Spiegel wird und das glitzernde Wasser das Licht in allen Farben in deine Augen reflektiert,

Wenn du deine geblendeten Augen schließt, dein Gesicht zur Sonne empor streckst und deine Gedanken sich ins Unendliche verlieren,

Wenn deine Wut und deine Enttäuschung weichen und eine unbändige Freude den Platz einnimmt,

Wenn sich auf jedem Gesicht ein befreites Lächeln ausbreitet, alle Sorgen vergessen sind und jeder macht, was er will,

Wenn unsere Herzen geöffnet sind, offen für Freiheit, Liebe und Leben, und die Sehnsucht uns mitnimmt,

– Dann ist heute ein perfekter Sommertag und du hast das Glück des Lebens gefunden.

Sarah Eggel

Perfekte Unvollkommenheit

Draußen kauert sich die Nacht zusammen und Ignoranz verführt die Hände. Ein Augenpaar folgt dem Fingerspiel, staunend, lächelnd, einprägend. Verzückt, aber tief fragend, was solch junge Hände wohl in seinen tun. Beim Öffnen der Fäuste entkommen Vögel, die es wieder einzufangen gilt. Doch noch schläft die Nacht am Boden und lässt das Taxi warten. Wie Magie fühlt es sich an, wenn die Welt einen Augenblick stillsteht; wenn vergessen geht, wo das Herz wohnt, und man Pläne ersinnt, ein neues Haus zu bauen. Ein Hupen weckt die Nacht und löst die Finger aus ihrer Umarmung. Es ist Zeit die Erde wieder drehen zu lassen. Die Nacht steht auf und ruft die Vögel zurück. Meine Hand lass ich dort, in dieser perfekten Unvollkommenheit, wo schöne Augen sie liebevoll betrachten.

Rebecca C. Schnyder

Traumland

Die Tage verbrachte er stets draußen im Freien, egal ob es regnete oder die Sonne schien. Er liebte es, stundenlang im Wald zu spazieren oder nahe dem Fluss, an dem sich die Birken zum Himmel emporhoben. Er sog die Schönheit dieser Welt förmlich in sich auf, kein Bild durfte verloren gehen, kein Duft sich unbeachtet verflüchtigen – alles legte sich unvergesslich in seiner Erinnerung ab. Vielleicht waren es die Monumente einer im Sterben liegenden Traumwelt, die Zeugnisse einer längst untergegangenen Kultur, doch in ihm lebten alle jene Schätze wieder auf und erlangten so möglicherweise ein kleines bisschen Unsterblichkeit.

Wenn die Abende kamen und seine Füße schwer wurden, schleppte er sich hinauf in sein kleines Dachzimmer, das ihm dann immer ein wenig wie ein Gefängnis vorkam, aber es bewahrte ihn vielleicht auch davor, in jener überwältigenden Schönheit abzudriften und zu ertrinken. Lange schaute er noch aus dem Fenster und ahnte schwermütig und litt sehnsuchtsvoll.

So zogen die Jahre dahin. Die Birken wurden abgeholzt, der Fluss von einem Damm eingezäunt und alle Schönheit schien nach und nach diese Welt zu verlassen. Schließlich war jener Ort nur noch eine endlose graue Masse aus Beton und Stahl. Obwohl er mittlerweile schon sehr alt war und kaum noch laufen konnte, spazierte er immer noch gerne, nun eben über geteerte Straßen, und war dabei stets in seine Erinnerungen versunken, in denen alles in vergangener Pracht erblühte.

Eines Tages traf der Alte ein kleines Mädchen, das in einem Rollstuhl saß. Es musste schon Herbst gewesen sein, aber die Jahreszeiten waren mit den Bäumen und Blumen verschwunden. Sie sah ihn aus traurigen Augen an. Da reichte er ihr die Hand und sie nahm sie und betrachtete schweigend die Falten und Risse, die sie wie zerknittertes Papier aussehen ließen. Dann strich er ihr sanft über den Kopf. Sie lächelte ein wenig, als ob sie verstanden hätte. An jenem Tag ging er das letzte Mal die schweren Treppen zu seiner Mansarde hoch. Oben angekommen legte er sich ins Bett und träumte, träumte alles aus sich heraus, und immer mehr schenkte er dem kleinen Mädchen, bis nur noch jene letzte schöne Erinnerung blieb: seine Hand auf ihrem Kopf. Sie behielt er und ging in eine andere Welt.

Gernot Krottmaier

Gezeiten

Ahnst du es auch
Die Gezeiten spielen mit uns
Seit einer Weile
Verebben und fluten wir uns zu.

Fühlst du es auch
Die Nacht entdunkelt uns
Immer mehr
Verhellt der Tag im Zwielicht.

Glaubst du es auch
Der Sommer brennt uns aneinander
Ohne dazwischen
Bis wieder Winter-Eis uns zur Mauer wird.

Jasmin Engel

Du bleibst uns unvergänglich

Es schwillt das Herz in unsrer Brust,
erblickt es dich. Ach, liebstes Kind!
Du weckst in uns die Liebeslust,
weil wir dir längst verfallen sind.

Du holst die Träume aus dem Schlaf
und lässt dein Lied erklingen.
In seinen Wogen schweigen brav
all jene, die sonst singen.

Du weißt nicht um dein großes Glück,
denn Worte sind verfänglich:
Gib jedem nur ein kleines Stück,
dann bleibst du unvergänglich!

Christian G. Riedl

Tulpe

Schutt und Asche
in den Augen der
Doch-nicht-Gestorbenen
Berge aus Tränen
Staub
von tausend Gesichtern
in der Luft
Geschichten am Boden
zerstreut
Heimat durch ungeahnte
Kraft verfremdet
und irgendwo
dazwischen
blüht dennoch eine
Tulpe

Nathalie Baumgartner

Kristallflocken

Zu Hunderttausenden tanzen sie wild durcheinander,
      ihrer Bestimmung folgend,
um für einen kurzen Moment zu sein,
      was sie später nicht mehr sein werden,
die Vergänglichkeit der Neuwerdung symbolisierend
      durch ein zartes symmetrisches Etwas.
Stille herrscht, vermischt mit der Bewunderung für die
                Einzigartigkeit der Natur,
      welche Vollkommenheit schafft,
in weißer Pracht erstrahlend, die man nicht besitzen kann,
      weil sie nur sich selbst gehört.

Rania-Jauhara Dittli

Man liest ein Buch

Man liest ein Buch
am Tag im Zug,
durchfliegt den Raum,
die Zeit, merkt kaum
was war, was wird,
man liest und ist;
man hat Gelegenheit,
Gott, Welt und Leut'
in sich zu spür'n,
sich selbst zu fühl'n
und ohne Schranken
nachzudenken.
So reist der Geist
unendlich weit –
und 's Buch wird, ach,
zur Nebensach.

Christian Wittker

Zauber

Im Morgenrot den Tag begrüßend,
öffnet die Blume ihre Krone.
Vögel zwitschern und Grillen zirpen.
Was wird heute geschehen?

Der Tag erwacht,
fängt langsam an zu strahlen.
Die Sonne klettert empor,
den Himmel hinauf – wolkenlos.

Der See plätschert,
ruhig schlagen die Wellen,
glitzernd wie tausend Brillanten.
Der Betrachter staunt – verzaubert.

Ein Windchen bläst,
spielt raschelnd mit den Blättern.
Die Schmetterlinge tanzen
hoch oben – im Frühlingsduft.

Schreiben über die Sonne,
das Licht, die Hoffnung,
des Lebens Pracht –
dem Schönen zuliebe.

Anja Forrer

(K)eine Geschichte

Der Weg nach Hause ist lang. Vorsichtig setze ich einen Fuß vor den anderen und bin mir fast sicher, alles nur zu träumen. Aber das Geräusch meiner Absätze auf dem Asphalt, das leise Echo meiner Schritte und die Lichtkegel der Straßenlaternen sprechen flüsternd dagegen.

Ich denke daran, zu schreiben. Etwas wirklich Großes zu schreiben. Aus jedem einzelnen Schritt und der Kühle der Nachtluft eine Geschichte zu stricken. Etwas Poetisches vielleicht, eine Parabel vom Ende der Welt und vom Geschmack deiner Lippen. Darüber zu schreiben, dass es dich gibt.

Über dich zu schreiben, damit man dich nicht vergisst. Niemand wird wissen, wer du bist, aber alle werden dich kennen und dann wirst du unsterblich sein.

Vielleicht kommt ein Mann in der Geschichte vor, der älter ist als die Zeit selbst und der die Weltformel kennt.

Oder vielleicht schreibe ich über einen Engel, der Höhenangst hat, über das Meer und eine Welt ohne Tod.

Ich frage mich, ob es wichtig ist, worüber ich schreibe, oder ob nicht die Worte allein genügen.

Ich denke an dich und ich denke an den Kuss, den es vielleicht gar nicht gegeben hat, weil ich doch alles nur träume. Und ich weiß, wenn ich zu Hause bin, werde ich nichts trinken können, weil ich die Berührung deiner Lippen nicht wegwaschen will.

Vielleicht hat meine Geschichte eine Moral, die ich nicht kenne. Dann kommen Kritiker mit roten Stiften und streichen überflüssige Wörter. Und streichen am Ende auch dich. Diskutieren über den literarischen Wert jeder Zeile. Zerpflücken meine Geschichte. Und am Ende auch dich. Sie verteilen Punkte, sechs von zehn vielleicht, oder keine.

Und am Ende verliere ich dich und unsere Geschichte und den Kuss, den es nicht gab.

Ich denke daran, nicht zu schreiben, nicht über Engel und nicht über dich. Vielleicht hast auch du Höhenangst, du bist manchmal so zerbrechlich.

Wenn ich zu Hause bin, denke ich, radiere ich alle Seiten aus, auf denen ich über dich geschrieben hätte. Und dann binde ich ein Buch aus leeren Seiten, das niemand anders berühren darf.

Dieser Text wurde mit dem 3. Preis des Lyrik-Wettbewerbs ausgezeichnet.

Laura Martena

Die letzten Saiten des Tags

Die letzten sind aber die schönsten Saiten
des Tags, und wem sie geklungen, der löst
die eisernen Bänder und steht mit offenen Händen
am Rande der Nacht. Und aus den letzten
Stimmen steigt ein stiller Ton, der wie die Blüten
sanft zu Boden sinkt und alle Furchen schließt.
Die Bäume sind auch vergangen mit dem Tag, und an ihrer
Stelle stehen dunkle Gesänge, die Wurzeln schlagen
in den Herzen der Hörenden. Und wäre doch kein Ende
dieser Zeit und wäre doch kein Mittag, der
die Schlafenden erschlägt und lärmend durch die engen
Räume zieht. Aber es wohnt jede Zeit
an ihrem Ort, und schöner ist heimzukehren in das
gemeinsame Haus, wo aus allen Zimmern Gesungenes
klingt und die Schwellen getragen sind von Rosenblättern.

Alma Wallraff

Ein Sommertod

Wir saßen auf den Liegestühlen
im Schatten der Marquisen und
starben einer nach dem andern
einen Sommertod.

Die Arme baumelten zu Boden,
unsere Körper kosteten die Süße
aus dem Jenseits, und hinter den
geschlossenen Lidern ließen wir
uns gerne blenden.

Zu unseren Füßen lief der alte
Plattenspieler, mischte sich zum
Klang der ungesagten Worte
und kein Kratzer unterbrach
den leiernden Refrain.

Wir saßen länger als wir dachten,
warteten auf eine Regung in der
Luft, auf eine instabile Schichtung,
wünschten uns ein bisschen weniger
von alledem – und standen auf.

Martin Gericke

In der Tür

wie oft habe ich
an der klinke gerüttelt
durchs schlüsselloch gespäht
gezogen statt gestoßen
nun steht die tür weit offen
und drinnen ruft jemand meinen namen
der mein herz erschüttert
vor wahrheit
und einer tiefen vorahnung
ein blick zurück
in verständnislose gesichter
ich gebe mir einen ruck
und trete ein
die tür lass ich offen

Sabina Seeger

Trotz allem

Im morgendlichen Grau der Hauptstraße
neben dem türkischen Gemüsemarkt
ein kleines Wunder entdeckt
als ein leises, sanftes Kinderlachen
unbedeutend und unpassend
laut von allen Dächern herhallte.

Für einen Moment nun schien
leblose Routine zusammengebrochen
einen Augenblick lang wirkte
starre Gleichgültigkeit lebhaft
für eine Ewigkeit aber
war es unglaublich schön zu leben

– trotz allem.

Fiona Feuz

Die Autorinnen und Autoren

Alice Arndt (geb. 1989 in Köln/D) aus Innsbruck/A; Studentin der Psychologie. (> S. 35)

Nathalie Bänninger (geb. 1986 in Winterthur/CH) aus Humlikon/CH; Buchhändlerin. (> S. 42)

Nadine Baum (geb. 1989) aus Suhl/D; Einzelhandelskauffrau in Ausbildung. (> S. 77)

Nathalie Baumgartner (geb. 1982) aus Winterthur/CH; Umweltnatur-wissenschaftlerin ETH. (> S. 140)

Alexandra Berlina (geb. 1984 in Moskau/Russland) aus Düsseldorf/D; Literatur-wissenschaftlerin. (> S. 56)

Yvonne Bohrer (geb. 1988) aus Trier/D; Erzieherin in Ausbildung. (> S. 72)

Sergej Borissov (geb.1986 in Kasachstan) aus Wuppertal/D; freiberuflicher Musiker. (> S. 67)

Raphael Borner (geb. 1984 in Gelfingen/CH) aus Oberthal/CH; Sozialpädagoge in Ausbildung. (> S. 68)

Martina Breitholz (geb. 1981 in Bayreuth/D) aus Zürich/CH; Germanistin. (> S. 120)

Andrea Dittli (geb. 1985 in Cham/CH) aus Meilen/CH; Kindergärtnerin. (> S. 73, 121)

Rania-Jauhara Dittli (geb. 1983 in Cham/CH) aus Hünenberg/CH; Lehrerin. (> S. 141)

Vivanne Dubach (geb. 1987 in Erlosen/CH) aus Wetzikon/CH; Studentin der Umwelt-naturwissenschaften. (> S. 86)

Nicole Duss (geb. 1982 in Niederuzwil/CH) aus Luzern/CH; Studentin des literarischen Schreibens HAF. (> S. 116)

Sarah Eggel (geb. 1994 in Zürich/CH) aus Binz/CH; Gymnasiastin. (> S. 132)

Viviane Ehrensberger (geb. 1988 in Zürich/CH) aus Opfikon/CH, Studentin der Architektur. (> S. 74, 130 sowie Photo-Beiträge)

Pascale Emmisberger (geb. 1998 in Watt/CH) aus Oberweningen/CH; Schülerin. (> S. 105)

Jasmin Engel (geb. 1982 in Aschaffenburg/D) aus Darmstadt/D; Autorin. (> S. 138)

Arlène Feusi (geb. 1991) aus Uster/CH; Studentin der Medizin. (> S. 108)

Fiona Feuz (geb. 1988 in St. Gallen/CH) aus Frasnacht/CH; Studentin der Jurisprudenz. (> S. 95, 149)

Cornelia Fiedler (geb. 1982 in Weimar/D) aus Oslo/N; Bibliothekarin und Hörbuchsprecherin. (> S. 114)

Anja Forrer (geb. 1994 in Männedorf/CH) aus Stäfa/CH; Gymnasiastin. (> S. 69, 143)

Fabian Freygang (geb. 1982 in Würzburg/D) aus Karlstadt/D; Japanologe und Germanist. (> S. 22)

Sarah Fiona Gahlen (geb. 1983) aus Berlin/D; Juristin. (> S. 28)

Rita Ganz (geb. 1989 in Zürich/CH) aus Feldmeilen/CH; Studentin der Biologie. (> S. 55 sowie Photo-Beiträge)

Timofei Gerber (geb. 1991 in Zürich/CH) aus Küsnacht/CH; Student der Philosophie. (> S. 17)

Martin Gericke (geb. 1986 in Rüdersdorf/D) aus Weimar/D; Student der Mediengestaltung (Film/Fernsehen). (> S. 147)

Ursula Giga (geb. 1985) aus Wien/A; Studentin der Politikwissenschaft. (> S. 47)

Katrina von Grafenstein (geb. 1984 in Würzburg/D) aus Braunschweig/D; Studentin der Biologie. (> S. 64)

Meret Gut (geb. 1989 in Zürich) aus Herrliberg/CH; Studentin der Biologie. (> S. 26, 58, 82 sowie Photo-Beiträge)

Mario Haberl (geb. 1990 in Breisach/D) aus Algolsheim/F; Gymnasiast. (> S. 85)

Alexis Haupt (geb. 1997) aus Zürich/CH; Schüler. (> S. 106)

Simone Eva Höhn (geb. 1985) aus Bachenbülach/CH; Studentin der Vergl. Germanischen Sprachwissenschaft. (> S. 43)

Kai Holthuizen (geb. 1993) aus Zürich/CH; Gymnasiast. (> S. 79)

Lisa Jaekel (geb. 1991 in Berlin) aus Zeuthen/D; Gymnasiastin. (> S. 96)

Andreas Jakowidis (geb. 1982) aus Herten, Westfalen/D; Student der Germanistik und der Geschichtswissenschaft. (> S. 53)

Mone Jendreyko (geb. 1985 in Berlin/D) aus New York City/USA; Literaturwissenschaftlerin. (> S. 100)

Annabell Jung (geb. 1984 in Hattingen/D) aus Berlin/D; Germanistin und Studentin der Komparatistik. (> S. 93)

Sarah Kallert (geb. 1989 in Erfurt/D) aus Weinbergen/D; in Ausbildung im sozialpädagogischen Bereich. (> S. 89)

Maya Kayi (geb. 2001) aus Dortmund/D; Schülerin. (> S. 126)

Judith Keller (geb. 1985 in Lachen/CH) aus Leipzig/D; Studentin am Deutschen Literaturinstitut Leipzig. (> S. 76)

Jana Klar (geb. 1986 in Berlin/D) aus Leipzig/ D; Schriftstellerin und Slam-Poetin. (> S. 15)

Joel Kobi (geb. 1982 in Amravati/Indien) aus Uster/CH; Direktionsassistentin. (> S. 30, 52, 88)

Sascha Kokot (geb. 1982 in Osterburg/D) aus Leipzig/D; Student am Deutschen Literaturinstitut Leipzig. (> S. 103)

Monika Koncz (geb. 1985 in Senta/Serbien) aus Leipzig/D; Sprecherin sowie Studentin am Deutschen Literaturinstitut Leipzig. (> S. 99)

Gernot Krottmaier (geb. 1983) aus Graz/A; Student der Germanistik und der Philosophie. (> S. 136)

Elisabeth von Leon (geb. 1988 in Meran/Italien) aus Wien/A; Studentin der Germanistik und der Philosophie. (> S. 24)

Lara Löw (geb. 1993) aus Mainz/D; Gymnasiastin. (> S. 81)

Kathrin Maier (geb. 1987 in Saarbrücken/D) aus Saarburg/D; Musicaldarstellerin in Ausbildung . (> S. 94)

Laura Martena (geb. 1988) aus Bochum/D; Studentin der Philosophie und der Pädagogik. (> S. 21, 144)

Christina Meißner-Leßmann (geb. 1982) aus Dortmund/D; Studentin der Literaturwissenschaft. (> S. 87)

Karen Meyer-Vokrap (geb. 1981 in Buchholz i.d.N./D) aus Hamburg/D; darstellende Künstlerin. (> S. 57)

Manuela Müller (geb. 1984 in Dielsdorf/CH) aus Eglisau/CH; Med. Praxisassistentin, Seelsorgerin in Ausbildung. (> S.127)

Christian Niklas (geb. 1986) aus Weiden/D; Student der Humanmedizin. (> S. 113)

Youliee Oktober (geb. 1990 in Stuttgart/D) aus Wuppertal/D; Schülerin. (> S. 23)

Tobias Pagel (geb. 1981 in Sigmaringen/D) aus Tübingen/D; Deutsch-, Geschichts- und Sport-Referendar an einem Gymnasium. (> S. 36, 41)

Nastasja Penzar (geb. 1990 in Berlin/D) aus Frankfurt am Main/D; z.Z. Reisende in Südamerika. (> S. 128)

Robert Prentner (geb. 1984 in Graz/A) aus Winterthur/CH; Doktorand der Physikalischen Chemie. (> S. 19, 39)

Judith Ramseyer (geb. 1987 in Dielsdorf/CH) aus Niederhasli/CH; Studentin der Psychomotoriktherapie. (> S. 110)

Anna Reichert (geb. 1989 in Zürich/CH) aus Wila/CH; Studentin der Musik (Klavier). (> S. 49)

Christian Reiferth (geb. 1982 in Aachen/D) aus Hückelhoven/D; Englisch- und Geschichts-Referendar an einem Gymnasium. (> S. 84)

Christian G. Riedl (geb. 1988) aus Wien/A; Student der Deutschen Philologie und der Astronomie. (> S. 44, 139)

Raffael Rihs (geb. 1983 in Bülach/CH) aus Winterthur/CH; Student der Musik. (> S. 90)

Ariane Rippstein (geb. 1993 in Fribourg/CH) aus Zollikon/CH; Gymnasiastin. (> S. 107)

Maria R. Rossmanith (geb. 1984 in Markt-oberdorf/D); aus Zenting/D; selbstständig in Layoutdesign und Versandhandel. (> S. 33, 61 sowie Photo-Beiträge)

Tabea Schaffner (geb. 1990 in Langenthal/CH) aus Herzogenbuchsee/CH; Studentin der Germanistik. (> S. 16)

Florian Scharf (geb. 1990 in Grimma/D) aus Naunhof/D; Student der Chemie. (> S. 102)

Alex Schindler (geb. 1988 in Bern/CH) aus Zürich/CH; Student der Germanistik, der Anglistik und der Physik. (> S. 125)

Rebecca C. Schnyder (geb. 1986 in Zürich/CH) aus Bern/CH; freie Schreibende. (> S. 135)

Hannah Zoe Schütt (geb. 1998) aus Kiel/D; Gymnasiastin. (> S. 38, 80)

Sabina Seeger (geb. 1982 in St. Gallen/CH) aus Bühler/CH; Religionswissenschaftlerin. (> S. 148)

Lena Carina Streufert (geb. 1997 in Preetz/D) aus Wielen/D; Gymnasiastin. (> S. 118)

Ramona Studer (geb. 1989) aus Zug/CH; in der Ausbildung zur Primarlehrerin. (> S. 112)

Laura Tognina (geb. 1981 in Chur/CH) aus Seon/CH; freischaffende Künstlerin und Grafikerin. (> S. 25)

Manuela Voss (geb. 1991 in Guggisberg/CH) aus Stetten/CH; Gymnasiastin. (> S. 70)

Alma Wallraff (geb. 1984 in Bonn/D) aus Frankfurt a.Main/D; Studentin der Philosophie und der Literaturwissenschaft. (> S. 146)

Catherine Weber (geb. 1983) aus Wien/A; Werbetexterin und Filmemacherin. (> S. 92)

Julia Weber (geb. 1983 in Tansania) aus Zürich/CH; Studentin am Literaturinstitut Biel. (> S. 65)

Alexander Weitnauer (geb. 1992 in Jena/D) aus Rothenstein/D; Gymnasiast. (> S. 37)

Christina Werner (geb. 1988 in Neumarkt/D) aus Freystadt/D; Studentin der Kultur- wirtschaft. (> S. 122)

Christian Wittker (geb. 1984 in Unterägeri/CH) aus Zürich/CH; Umwelt- naturwissenschaftler ETH. (> S. 142)

Silvia Woll (geb. 1982 in Bruchsal/D) aus Karlsruhe/D; Studentin der Germanistik und der Kulturwissenschaft. (> S. 48)

Julie Wüthrich (geb. 1987 in Bern/CH) aus Winterthur/CH; Studentin. (> S. 18, 62)

Irmi Wyskovsky (geb. 1983) aus Wien/A; Studentin des Jazzgesangs. (> S. 34, 40)

Tobias Zeitler (geb. 1984 in Vilseck/D) aus Weiden/D; Lehrer für Deutsch und Englisch. (> S. 50)

Außerdem Photo-Beiträge von:

Dona Francis (geb. 1992 in Bludenz/A) aus Regensdorf/CH; Gymnasiastin.

Camilla Zenoni (geb. 1991 in Stans/CH) aus Altdorf/CH; Gymnasiastin.

Bildnachweis (die Ziffern beziehen sich auf die Seitenzahlen im Buch):

Der Govinda-Verlag dankt den folgenden Personen und Institutionen für die freundliche Unterstützung des Lyrik-Wettbewerbs «Dem Schönen zuliebe» und dieses Buchprojektes:

Hannes Bichsel | Heidi Baumann | Cosima Hungerbühler | Heinz Rickli | Christa Hauenstein | Unicon-Stiftung (Meersburg/D) | TerrAmor Verlag und Schulungsinstitut (Grattersdorf/D) | Anette Fakler | Maiwald Persönlichkeitsprofile (Zollikerberg/CH) | International Institute of Hand Analysis (Wollerau/CH) | Edition Spuren (Winterthur/CH) | Agnes Grüter | tibits – Restaurant Bar Take Away:

Poetische Texte 1981 – 2009.

Ronald Zürrer

SEHNSUCHE
Poetische Texte

ISBN 978-3-905831-01-6
220 Seiten, gebunden,
Schutzumschlag, Leseband
€ 16,50 / Fr. 29.90

«Wahres Glück ist nicht, daß wir bekommen, wonach wir uns sehnen. Wahres Glück ist, daß wir überhaupt Sehnsucht verspüren.»

Ronald Zürrer, Dichter der Sehnsucht nach dem Schönen, Wahren und Guten in einer dürftigen Zeit und Welt, legt in diesem edlen Bändchen eine Auswahl seiner schönsten poetischen Texte aus den vergangenen drei Jahrzehnten vor.

Ob Gedicht oder Prosatext oder Aphorismus – hier schwingen geduldiges Einverstandensein und kraftvolle Rebellion harmonisch nebeneinander, hier leuchten Zuversicht und Einsicht in das innerste der Welt, hier atmen Sehnsucht und das Heimweh nach einer fernen Heimat, die nicht nur irgendwo jenseits des Universums existiert, sondern auch lebendig in jeder individuellen Seele schlummert.

Bewegende und ermutigende Texte, wie sie die heutige Zeit braucht.

Ausgewählte Texte der Liebe.

Ronald Zürrer

ROSENSCHÖNE
Texte der Liebe

ISBN 978-3-905831-02-3
106 Seiten, gebunden,
Schutzumschlag, Leseband
€ 14,00 / Fr. 25.00

«Was wirklich zählt, wenn alles gesagt ist und getan, wenn alles erlebt ist und durchstanden, wenn alle Wege sich gekreuzt haben und alle Erfahrungsblumen gepflückt sind – was wirklich zählt, ist die Liebe.»

In seinen romantischen Gedichten, Prosatexten und Aphorismen offenbart Ronald Zürrer einen Kranz zartester Blüten aus dem reichen Garten seiner Gefühle. Für ihn umfaßt Liebe nicht nur das leichte, schmetterlinghafte Schweben des Verliebtseins, sie kann und soll uns darüber hinaus auch das Herz für ein inniges, ehrliches Verbundensein öffnen, das uns den Blick auf die Schönheit und Sinnhaftigkeit dieser Welt entschleiert.

Hier gehen melancholische Einsamkeit und gemeinsam gefeierte Lebensbejahung Hand in Hand, tränenvolle Traurigkeit und jubelnde Freude wechseln sich wie Jahreszeiten ab und ergänzen sich zu einer Einheit.

Die «Rosenschöne» ist für den Dichter das Sinnbild der ewig Geliebten und Ersehnten, die dem Herzen stets so nah ist und doch in wunderlicher Weise immer unerreichbar bleibt.

Ein berührendes literarisches Kleinod.

Ronald Zürrer

SONNENLIEBE
Ein Traum Hermann Hesses

ISBN 978-3-906347-97-4
114 Seiten, gebunden,
Schutzumschlag, Leseband
€ 14,00 / Fr. 25.00

Achtzehn Jahre nach seinem Tode begegnet der Dichter Hermann Hesse in einem Traum fünf jungen Menschen, denen er sich auf wundersame Weise brüderlich verwandt fühlt.

Gleich ihm sind sie Wahrheitssuchende und Wanderer auf dem Weg nach Innen, dem Weg zu sich selbst und zur Quelle des Lebens. «SONNENLIEBE» lautet ihr Bekenntnis – die Liebe zur Sonne als dem Symbol des Göttlichen, des unendlichen Lichtes und der grenzenlosen Wärme in ihrem eigenen Innern.

Als Sonnenkinder, als Töchter und Söhne dieses ewigen Lichts, sind sie flatternde Schmetterlinge im Garten der Welt, blühende Bäume im Walde allen Lebens. Ihre Geschichten und ihr Ruf singen nicht nur den glücklichen, dankbaren Dichter aus dem Schlafe, sondern schneien in der Folge auch warm und leise auf die Erde hinunter und vermögen jeden zu verzaubern und zu verwandeln, der mit SONNENLIEBE in Berührung kommt.

Das beeindruckende Erstlingswerk von Ronald Zürrer, verfaßt im Alter von 18 Jahren als Abiturarbeit.